アニメの輪郭

主題・作家・手法をめぐって

藤津亮太

青土社

アニメの輪郭　目次

視点Ⅲ　それはどのように描かれたものなのか　アニメ・漫画・実写の界面をめぐって

アニメの輪郭——主題・作家・手法をめぐって

はじめに　『アニメの輪郭』について

アニメについて文章を書く仕事をしていると、取材にせよプライベートにせよ、今の仕事に就いた理由を尋ねられることがある。

まず出てくる質問は「好きなアニメはなんですか？」。当然ながら、この質問は簡単に答えられるようなものではない。ただ何度か経験を積むうちに、先方も本当に「好きなアニメ」を知りたいわけではない、ということがわかってきた。話題のとっかかりであったり、こちらの人となりに探りを入れるために、この質問を投げかけているのだ。それがわかってからは「好きなアニメはいろいろありますが……」と前置きした上で、子供時代にアニメ好きだと自覚するきっかけとなった作品を挙げるようにしている。もちろんそれで問題なく話題は進行する。

そして次に投げかけられるのが「そんなふうにアニメが好きだから今の仕事に就いたんですか？」という質問だ。これは確かに、その通りではあるのだけれど、こちらとしては若干の戸惑いを感じないでもない。というのも、「この人は「好きなアニメがたくさんあること」がそのまま「アニメが好き」である、というふうに考えているのかなぁ」という思いが去来するからだ。

「好きなアニメがある」と「アニメが好き」は大きく違う。「好きなアニメがある」は作品という〝木〟に注目する姿勢だ。でも一本一本独立した状態で〝木〟を集めても〝森〟にはならない。〝森＝アニメ〟を知ろうと思ったら、様々な植生から構成されている〝森＝アニメ〟というエコシステムを見る視座を持たなくてはいけない。そうでないと〝森〟は見えてこない。「好きなアニメがある」が「アニメが好き」へと簡単に直結しない理由はそこにある。どっちが良いとか悪いとかではなく、本質的にベクトルが違う事象なのである。

僕がこの仕事を続けているのは——当然ながら「好き」もあるが——「好奇心」が一番大きな動機だ。だから「アニメが好きだから今の仕事に就いたんですか？」という質問には、「〝アニメ〟という山の形はどうなっているのか、それを確認したいと思っているんです」という返事をしている。〝山の形〟、それは即ち本書のタイトルにもなっている『アニメの輪郭』のことだ。

もちろん、自分だけでアニメという〝山〟の形を把握することは不可能だ。でも自分のできる範囲で努力を重ねていけば、いつか誰かの〝地図〟と僕の〝地図〟が繋がって、アニメという巨大な連峰の「輪郭」の一部が可視化されるかもしれない。さまざまな原稿にはそんな思いを込めてきた。

本書は様々な角度から『アニメの輪郭』について考えた原稿を集めた。一番古い原稿は二〇〇四年のもので、今から一七年も前に書いたものだ。前年の二〇〇三年に初めての単著『「アニメ評論家」宣言』（扶桑社）を出したばかりのころだが、改めて読むと当時から——まだ今のように言語化はされていなかったにせよ――『アニメの輪郭』に関心を寄せていたことがわかる。

本書は「視点Ⅰ」「視点Ⅱ」「視点Ⅲ」という三つの部から成り立っている。

「視点Ⅰ」は「そこになにが描かれていたか――時代・主題をめぐって」とタイトルをつけた。アニメというものが、なにをどのように描いているか。そこには時代や題材といったものがどのように影響を与えているかについて様々に思考を巡らせている。

「アニメに適さない題材、ファンタジー」「不可視の世界／五感の世界」「テレビアニメが教えてくれた世界の名作」「日本のアニメは家族をどう描いてきたか」は、そのタイトルどおり、アニメがそれぞれの題材を扱うことにまつわる事象をテーマにした原稿だ。

続く「セカイ系と非セカイ系の狭間で」「終わりの中で生きてゆく倫理」「価値観の相対性を描く」という三本は、比較的作品論寄りの原稿だ。読解を通じてそれぞれの主題へと迫ることで、アニメという表現の多彩さを考えた。

「視点Ⅱ」は「それは誰が描いたものなのか――監督・演出をめぐって」と題した通り、演出にまつわる原稿を集めた。「「社会派」としての幾原邦彦」「光は色、色は光、押井守の描き出す世界」はともに作家論寄りだが、そのほかの原稿は基本的に「演出家がいかに作品を統御しているのか」にフォーカスを当てた原稿が並んでいる。ここではアニメのなかでも「演出」というものの「輪郭」を探ろうとしているのだ。そして「菅野よう子、「最も身近な批評」と呼ばれる音楽」は、作曲家・菅野よう子の仕事を通じて、監督の演出プランに対する音楽の関わり方に注目している。

「視点Ⅲ」は「それはどのように描かれたものなのか――アニメ・漫画・実写の界面をめぐって」。ここでは実写映画や漫画といったアニメの近接領域を取り上げることで、それらとアニメの接する〝界面〟を考えている。全三部の中では一番書籍名と縁の深いテーマを扱っているパートといえる。「記号と身体と内面」「三次元化するキャラクター」は、実写映画を含む身体性とキャラクターの関係をそれぞれの視点から考えている。「漫画がアニメになるとき」「漫画とアニメの距離」はともに漫画からアニメへのコンバートにおいてどのように〝翻訳〟がなされたかを扱った原稿。『昭和元禄落語心中』が描いた「音」の官能性」「あの頃僕らは友引高校に通いたかった」は、アニメ化された二作品を改めて原作に寄り添って読解している。

『アニメの輪郭』はさまざまなところに見つけることができる。本書は僕の専門領域であるメジャーな流通経路（TVや映画）で見られるアニメを中心に取り扱っているが、アニメ（アニメーション）という言葉が指し示す範囲はもっと広い。インディペンデント作品のほうが表現が先鋭的でより「輪郭」に潜む問題を露わにしていることも多い。逆にメジャー流通作品は、ある種の表現が現実とは異なっているにも関わらず、多くの観客には〝現実〟として受け止められているという形で「輪郭」の存在を暗示している場合が多い。いずれにせよまだまだ考え、確かめなくてはならない「輪郭」は果てしなく広がっているのである。

この本で『アニメの輪郭』が明らかになったとは思わない。けれど「輪郭」の一部が示されているのは間違いないと思う。本書を通じて『アニメの輪郭』を意識し、アニメという表現手法について改めて考えてもらえればとてもうれしい。

視点 I

そこに何が描かれていたか

時代・主題をめぐって

アニメに適さない題材、ファンタジー

――『白雪姫』『三匹の子ぶた』『まんが日本昔ばなし』『アルプスの少女ハイジ』『機動戦士ガンダム』『新世紀エヴァンゲリオン』『ライオンと魔女』

アニメほどファンタジーに適さない表現手段はない。

こう書くと、全てを絵で構築するアニメーションほど、ファンタジーの世界を表現するにふさわしいものはないはずではないか？　と疑問や異論を感じる人も多いだろう。

その疑問や異論は、アニメーション全般についての意見としてならば、決して間違ってはいない。だがアニメに関してとなると、それは違っているといわざるを得ない。むしろアニメの場合、絵であるからこそファンタジーに適さないのである。

「アニメ」と「アニメーション」。「アニメーション」はコマ撮りに基盤を持つ映像表現の総称だが、「アニメ」は「アニメーション」の一分野で、現在の日本の商業アニメーションの主流をなす表現スタイルのことだ。少なくとも本稿では、日常的な使用例を踏まえ、そのように定義づけてい

る。

たとえばアニメは、水性ポスターカラーで描かれた背景の上に、輪郭線を持ち色面で塗り分けられたキャラクターが重ねられる、というセルアニメーション由来の制作技法を主に採用している。また表現上の特徴として、一九七〇年代半ば以降に「リアリティ」に重きを置くようになったことも挙げられる。その結果、アニメはその到達目標の一つとして――その定義はさまざまあるものの――「映画」をかかげるようになった。

さて「アニメーションとファンタジー」といえば、誰もが思い浮かべるのは、ウォルト・ディズニーの存在だ。これまでに多くの長篇アニメーションを発表してきたディズニーだが、その多くはおとぎ話・民話を題材としていることは改めて説明するまでもない。

そもそもひとくちにファンタジーいっても、その内容は千差万別。細かく見ていくと①おとぎ話・民話系、②幻想小説系、③ハイファンタジー（とそこから派生したジャンルファンタジー）の三つに分類できる。ディズニーが題材として採り上げてきたファンタジーは、その中の①にあたる「おとぎ話・民話系」が中心だ。

その象徴的存在が、長篇アニメーション第一作の『白雪姫』だ。ウォルト・ディズニーはどうしてグリム童話で知られる『白雪姫』を長篇第一作の題材として選んだのだろうか。

『ウォルト・ディズニー』（ボブ・トマス、玉置悦子・能登路雅子訳、講談社、一九九五）には次のように記されている。

ウォルトがこの物語を選んだ理由は（略）現実的な面が大きかった。魅力的な男女の主人公、本格派の悪女、笑いと共感を誘うこびとたち、世界中どこでも人間の心をとらえる民話風の筋書き。『白雪姫』は、アニメーションに必要な要素をすべて含んだ、恰好の素材だったのである。

ディズニーは『白雪姫』（一九三七）に先立って、『三匹の子ぶた』（一九三三）を制作したおり、「簡潔なストーリーと豊かで個性的なキャラクター」を目標に掲げ、成功した。先の記述をみると『白雪姫』を選んだ理由が、この『三匹の子ぶた』の方針の延長線上にあることがうかがえる。

おとぎ話・民話系ファンタジーのキャラクターたちは基本的に内面を持たない。彼ら（彼女ら）はお話の中で生きる一種の象徴なのだ。そしてだからこそ、お話はよどむことなくダイナミックに展開していくことができる。おとぎ話・民話の簡潔だが力強いストーリー展開はそこに起因する。

そのような象徴的存在を映画で描き出す場合、現実の身体を持った役者が演じることは難しい。むしろ、身体を持たない絵であればこそ、絵柄のおもしろさや、独創的な動き（ディズニーの場合、それはボードヴィルの動きを参考にしたものだった）を通じて、象徴性と存在感を同時に描き出すことができるはずだ。

つまりディズニーの成功を結果的に振り返っていうならば、おとぎ話・民話系はアニメーションと非常に親和性が高い題材だったのだ。

その後『白雪姫』の成功とそれに続く作品群、さらに「長篇アニメーション」がディズニーと同義になってしまう状況が重なった結果、アニメーションの題材としておとぎ話・民話系ファンタジーを選ぶというスタイルは、ごく当たり前に多くの人に受け容れられていく。その影響は大きく、たとえば東映動画（現・東映アニメーション）の初期長篇作品でも、題材の選択だけに留まらず、マスコット的小動物の配置や、ミュージカル・シーンの挿入など、ディズニーの確立したスタイルが多かれ少なかれ意識されていた。

絵であることとおとぎ話・民話系の親和性の高さをあらわす例は、ディズニーだけではない。たとえば『まんが日本昔ばなし』（一九七五）などは、様式としてはディズニーと非常に遠いところにありながら、個性的な絵のスタイルを選択することで、内面を持たない登場人物が展開する、簡潔で力強いストーリー展開を、市原悦子と常田富士男の語りの力を活用しつつ実現していた。

ディズニーと『まんが日本昔ばなし』の間の様式の差は大きいが、その根幹で共通するのはアニメーションを一種の「動く絵本」ととらえている点だ。それを考えると、ディズニー作品がしばしば「本の中に入っていく」という導入を採用しているのは興味深い。

「アニメーションはファンタジーに適した表現手段」というイメージは、これらおとぎ話・民話系を題材にしたアニメーションによって広まったものだと思われる。

アニメはこうしたおとぎ話・民話系のアニメーションのスタイルに対する一種のアンチテーゼを

含んで発達してきた。だからこそ、「絵であるからこそファンタジーに適さない」という逆説が生じることにもなっている。

アニメについて考える前に、ファンタジーの分類で②とした幻想小説系について考えたい。

社会思想研究家の稲葉振一郎は、「作中世界の実現性のこだわりが濃い／薄い」「作中世界の現実性の懐疑が濃い／薄い」という二つの軸を使って、次のような分類を行っている。

		作品世界の現実性への懐疑	
		濃い	薄い
作中世界の実現可能性へのこだわり	濃い	（メタSF？）	本格SF
	薄い	幻想文学 メタフィクション	ジャンルSF ジャンル・ファンタジー

（『モダンのクールダウン』稲葉振一郎、NTT出版、2006、68頁より）

これによると幻想小説系は「作中世界の実現可能性へのこだわりが薄く」「作中世界の現実性への懐疑が濃い」のが特徴ということになる。

この条件を満たすアニメーション作品は、インディペンデントな個人作家の作品に多い。作品世界が個性的なスタイルで統一された作品は、当然ながら、現実に準拠するリアリズムとは縁遠い。それは「これは〝現実〟を作者がこの絵柄で表現したもの」なのか「作中の〝現実〟がそもそもこの絵柄」なのかという感覚を視聴者にもたらすことにもなる。いわば夢幻の感覚である。

適切な作品を挙げるのは専門外の筆者にはやや荷が重いが、カレル・ゼマンの『水玉の幻想』(一九四八)、ジャン＝フランソワ・ラギオニの『お嬢さんとチェロ弾き』(一九六五)、ユーリ・ノルシュテインの『話の話』(一九七九)、リチャード・リンクレイターの『ウェイキング・ライフ』(二〇〇一) などがこの範疇に入る作品だろう。

また「夢幻の感覚」をもう少し拡大解釈すれば、宮沢賢治に題をとった『銀河鉄道の夜』(一九八五、杉井ギサブロー監督) や『注文の多い料理店』(一九九一、岡本忠成監督) を含められるだろうし、漫画原作の『ねこぢる草』(二〇〇一、佐藤竜雄監督) もここに入るだろう。

いずれにせよ幻想小説系の題材をアニメーションにするには、オリジナルなビジュアルのスタイルを創出することが必要だ。そしてそのスタイルこそが作品の存在意義となり、物語性はしばしば薄くなる。これは結果として大衆娯楽作品とは相容れないことも多くなる。宮沢賢治の例のように、既に有名な原作であり、ある程度の物語性があるものを除けば、幻想小説系を取り扱ったアニメーションが、商業作品＝アニメの題材として主流になるのは稀なケースであろう。

さて、ここでもう一度稲葉の示した図を見てみよう。「作中世界の実現可能性へのこだわりが薄く」「作中世界の現実性への懐疑が薄い」というブロックに、「ジャンルSF、ジャンル・ファンタジー」が分類されている。

稲葉はこれについてこう記す。

こうしてみると、明確に「現実世界」とは異なる世界を舞台、作中世界とするフィクションの中で、最もリアリズム文芸に近いものはジャンル・ファンタジー、ジャンルSFであるということになります。（『モダンのクールダウン』稲葉振一郎、NTT出版、二〇〇六）

つまり、リアリズム文学が現実のこの世界を自明の前提としているように、ジャンル・ファンタジーやジャンルSFも、現実世界とは異なるもう一つの世界を「自明の前提」としているという点で、同じ種別である、というわけだ。問題は「自明の前提＝お約束」の違いを読者がどこまで受け容れられるかどうかという点だけだ。

冒頭で、アニメの特徴として「リアリティ」の重視を挙げた。この「リアリティ」は「リアル」とは違う。リアリティとは「本物らしさ」のことで、絵による再表現を通じて、現実（「リアル」）の中のから取り出されたエッセンス（本質）のことである。

これを獲得するためにアニメは、「精緻な設定」から始まり「光学的に再現された空間表現」や「人間の所作を実感させる動きの表現」「特殊効果による質感表現」までさまざまな手練手管を開発してきた。

それは画面上の全てをコントロールすることが可能なアニメーションならではのアプローチであると同時に、それがアニメーション＝絵であると意識させずに、あたかも本物のように実感してもらうための手法でもあった。それがアニメなのである。

日本の商業アニメーションにおけるリアリズム的表現の先駆けは『アルプスの少女ハイジ』（一九七四、高畑勲監督）であった。当時、アニメーションでは例を見ない現地ロケハンを踏まえた風土や日常の再現、そしてそれを背景に描かれたハイジやクララの心の解放のリアリティ。これが後のアニメに大きな影響を与えた。

アニメの題材は、もともとロボットアニメや魔法少女ものを含めれば、ジャンルSFやジャンル・ファンタジーが主流である。ここにリアリズム的アプローチが導入されることになったのだ。その代表が番組開始当初はアメリカン・ニューシネマ的雰囲気も漂う『機動戦士ガンダム』（一九七九、富野由悠季監督）ということになる。

どうしてリアリズム的アプローチが、実在のアルプスから、スペースコロニーのある宇宙世紀へと導入可能かといえば、それは即ち稲葉の指摘する通りリアリズム文芸とジャンルSFの間にあるのは、「お約束の違い」だけだからだ。このようにして「アニメ」のスタイルは形づくられてきたのである。

さて、ではここで本稿の冒頭に戻ろう。

これまで見たように、おとぎ話・民話系はディズニー的なアニメーションと相性がよく、幻想小説系は独創的スタイルを目指すインディペンデント系アニメーションに向いた題材であった。どちらもアニメの持っているリアリズム的手法には馴染みづらい題材だった。

では、独自の異世界を構築し、それを自明の前提とするハイファンタジー系はどうだろうか。一見それはジャンルＳＦとなんらかわらず、同じような水準で、アニメ向きと考えられそうだが、その間には大きな差がある。

稲葉は前掲書でファンタジーとＳＦの違いについて、「ＳＦは架空の作品世界と現実世界の関係が主題たりえるのに対し、ファンタジーの場合はその関係を正面から主題にすることはない」と説明している。この現実世界との関係が大きなポイントだ。

たとえば『新世紀エヴァンゲリオン』（一九九五、庵野秀明監督）を思い出してみよう。『エヴァンゲリオン』にはしばしば、現実に使われた同じ緑色のカード電話が登場する。一度カタストロフを経た二〇一五年の未来であるにもかかわらず、だ。しかし、現実で見知った電話だからこそ、観客はそこに安心感とリアリティを感じ、ひいては作品世界もリアリティを感じることができる。電話が架空の作品世界と現実世界を結線させ、リアリティを生み出しているのだ。

ところがハイファンタジーでは、このリアリティを生み出す「結線」を構築するのが非常に難しい。アニメではないが『ナルニア国ものがたり』における「プリン」と「ターキッシュ・ディライト」の違いを思い出してもらうと早いだろう。

『ライオンと魔女』で魔女がエドマンドを籠絡するために使ったお菓子が「ターキッシュ・ディライト」だ。ただし、瀬田貞二訳（岩波少年文庫、二〇〇〇）ではこれが「プリン」と訳されている。

瀬田の意図がどこにあったかは別にして、ここで意識したいのは、想定される読者に対して「登場人物が誘惑に負けてしまうほどのお菓子」という説得力を、誰もが知っている「プリン」と日本人には馴染みの薄い「ターキッシュ・ディライト」のどちらが持ちやすいかということである。翻訳手法の是非は別にして、「プリン」のほうが最短距離で日本人の読者に「登場人物が誘惑に負けてしまうほどのお菓子」をリアリティを持って伝えることができているのは確かだ。

ハイファンタジーをアニメで制作する場合、観客の「見知らぬもの」で画面を埋め尽くさねばならず、このような「プリン／ターキッシュ・ディライト」問題が常に発生する。そして観客の「見知らぬもの」は、作中で使われない限り、それが何のための道具なのかということも含めたリアリティを獲得するのは難しい。もちろんすべての小道具を使って見せるのは、ストーリー展開上不可能に近い。また実写ならば物体が存在するので「見知らぬもの」でも多少の存在感を得られるが、アニメの特にセル画調で描かれた「見知らぬもの」はまったく存在感を得られない上に、作品世界そのものが「絵」であることを観客に自覚させてしまうデメリットもある。

つまり同じ効果を求めるのであれば、現実との結線し、リアリティを構築しやすい小道具が自由に使えるＳＦのほうが、ハイファンタジーよりもはるかに効率がいいのだ。

こうしてアニメで描かれるジャンル・ファンタジーは、異世界とは名ばかりの、どこかで見たような道具立てばかりになってしまうことになる。こうなると、それはあくまで記号にすぎず、そこから見知らぬ世界のリアリティを感じるのは難しい。

ちなみに二〇〇六年公開の二つのファンタジー・アニメ映画は、その世界のリアリティについて対照的なアプローチをみせている。

ル＝グウィンの原作より『さいはての島へ』を下敷きとした『ゲド戦記』（二〇〇六、宮崎吾朗監督）は、これまでのジブリ作品のアプローチを踏襲し、植物や建築物を通じて風土を感じさせる美術を中心に、正面からリアリティのある異世界構築を試みている。劇中で主人公アレンが農作業を体験したり、食事のシーンが丁寧に描かれたりするあたりが、いかにもジブリ・アプローチだ。

一方、宮部みゆきの同名ファンタジー小説を原作とする『ブレイブストーリー』（二〇〇六、千明孝一監督）は、異世界構築に関しては大胆に割り切った。物語の主眼をあくまで主人公ワタルが何を感じたかという点に絞り込み、異世界についてはジャンル・ファンタジーのお約束そのままで「ご存じＲＰＧの世界」という枠の中で描いている。

それぞれのリアリティ構築の効果はいかほどか、実際に作品を見て確認してみるのも一興だろう。

「緑の太陽」という言葉を口にするのはやさしい、と彼（引用者注――トールキン）は言う。しかし、それが存在する世界をまるごと作り、読み手の頭の中にその世界が浮かぶようにしたいと思ったら、緻密な思考力と、職人的な手間仕事、それに加えて「妖精の技ともいうべき特別な技」が必要である。光が常に緑だとしたら、草木はどう育ち、花々はどう見えるのか。それが人の心にもたらすのは、どんな違いなのか、もし取り立ててちがいがないとしたら、それはファンタジーを生み出す核になるほどの「非現実の仮定」ではなかった、ということだ。（『魔法ファンタジーの世界』脇明子、岩波新書、二〇〇六）

トールキンは「緑の太陽」の例をつかって、言葉と違い、描けばそれで異世界が成立したかに思えてしまうビジュアル・ファンタジーの陥穽（かんせい）を指摘したという。この教訓はそのまま、アニメでハイファンタジーを描く時の難しさについての予言でもある。

不可視の世界／五感の世界

――『精霊の守り人』『指輪物語』『ロード・オブ・ザ・リング』『風の谷のナウシカ』『となりのトトロ』『王立宇宙軍 オネアミスの翼』『機動戦士ガンダム』

『精霊の守り人』は上橋菜穂子によるファンタジー小説で、腕ききの女用心棒・バルサが新ヨゴ皇国の第二皇子・チャグムを、帝の放つ刺客と、人の世の力をこえた危険から守ろうとする姿が描かれる。正伝一〇巻と外伝三巻からなる『守り人』シリーズの最初の作品である。

アニメ版『精霊の守り人』の監督を務めた神山健治は、アニメというメディアでファンタジー世界を表現することの難しさについて非常に自覚的だ。

「ファンタジーは、活字メディア向きだと思うんですよ。実写映像だったら誰も見たことのないものを見せるってだけでもエンタテインメントになるって考えもあるけど、とりあえずアニメ向きではない。だって、アニメって基本的には全部作りものじゃないですか、その中でなにやってもあんまり伝わらない。アニメでファンタジーってド真ん中のように思えるかもしれないけど、実はそれほど茶番なことはなくて。だいたいファンタジーじゃなくなっちゃうわけ。作り物の中で作り物見せても。そこへいくと活字っていうのはいいんですよ」（「ガガガトーク」第一弾、佐藤大・冲方丁との鼎談より）

奇しくも神山のこの発言は、今から四〇年ほど前に書かれた次の一節と呼応している。

戯曲はもともとその性質からして贋の魔術というか、とにかく魔術に代わるものを目指していて、物語のなかの想像上の人物の姿を見せ、せりふを聞かせる。このこと自体魔法使の杖を偽造するようなものだ。機械仕掛けの装置を巧みに使って、舞台上のすでに擬似的な第二世界に、さらにファンタジーや魔術を持ち込むのは、まるでその内部にもうひとつ、第三の世界を作るようなものではないか。それはやりすぎというものだ。やってやれなくはないだろうが私は成功例を見たことがない。（略）劇のなかでは、舞台を歩いたり喋ったりしている本物の人間が、実はそのまま芸術と錯覚の道具なのだから。（『妖精物語の国へ』J・R・R・トールキン、杉山洋子訳、ちくま文庫、二〇〇三）

トールキンが演劇について指摘しているポイントは、同時にアニメにも当てはまる（そして実写映画はこの指摘のポイントに重なりきらない部分があるため、ファンタジーを表現するにあたって幾ばくかのアドバンテージがある)。神山もトールキンも、ほぼ同じ問題意識でファンタジーの特性をとらえていることがわかる。

しかしながら神山は『精霊の守り人』の監督を引き受けた。そこにはどのような成算があったのか。それを作品を読み解くことで見ていこうというのが本稿の狙いだ。

神山は、ファンタジーに興味がなかったものの『精霊の守り人』の監督を引き受けた理由として以下の二点を、いくつかのインタビューで挙げている。

一つは、原作が既に骨太のキャラクター像を獲得していた点。そこをとっかかりとして原作を読んだ神山は、世界観や設定より、人間を掘り下げていくことを一つの目標に掲げて作品作りに取り組むことを決めた。

もう一つは、たのまれ屋のトーヤが主人公の女用心棒バルサに弁当を買ってくるシーン。〝映画のような〟描写を重ねるような小説——神山流の表現でいうと「映像汚染」されている小説——とは大きく異なる『精霊の守り人』の中にあって、このささやかな描写を手がかりに、「ホームレス風の少年が弁当を買いに行くことができる文明レベルを持つ世界」を作り込んでいくのは楽しそうだと思ったという。

まずここで確認したいのは、「世界観や設定より人間を掘り下げるほうに力を入れる」ということは、決して「世界観や設定」の軽視ではないということだ。ドラマをリアリティを持って描くには、舞台となる世界もまたリアリティを持って存在しなくてはならない。神山が弁当を買ってくるシーンに反応したのは、そうしたドラマを支えうるであろうリアリティをおもしろく構築できる要素を原作の中に発見したからだ。

「世界観や設定」と一口にいうが、大きく二つにわけることができる。その一つを「不可視の世界」、もう一つを「五感の世界」とここでは呼ぶことにしよう。

「不可視の世界」とはつまり、その世界をもう一つの〝現実〟たらしめている法則あるいはシステムのことである。これは具体的な事物の背後にある、いわば「五感の世界」のバックストーリーでもある。

「不可視の世界」の存在を観客（読者）が感知する時、目の前の雑多な現象が、一つの世界観として観客の内部に立ち上がるのである。ただし法則やシステムはドラマと絡めて描き出すのはなかなか困難である。また、この法則やシステムはそれを精緻に作り上げようという方向に傾きやすい。つまり、作品を〝現実〟化することが自己目的化しやすいという特徴もある。

トールキンの『指輪物語』は序章でホビットの文化生活を事細かに紹介することからその内容を始めている。また同作の実写映画化『ロード・オブ・ザ・リング』は、その冒頭にタイトルロールである指輪の来歴を紹介しつつ、中つ国の歴史とそこに住む種族たちの説明を行っている。

アプローチは違えど、この二つは、ともに緻密に構成された「中つ国」の「不可視の世界」の部分を観客に比較的短時間で理解させた上で本篇に入ろうという目論見のもとに置かれているという点では共通である。『スター・ウォーズ』の冒頭のテロップなども、こうしたアプローチの簡略化された姿である。

ただし、ここが重要で、しばしば誤解をされている部分でもあるが、このような「説明」を頭に入れたところで、ファンタジー世界の中にリアリティを醸しだすことはできないのである。いくら精緻でもそれは単なる情報であり説明に過ぎない。

それに対し「五感の世界」は、リアリティを醸しだすために必要なものである。登場人物の五感を刺激する全ての事物が構成するものであり、登場人物の五感が刺激される場面を通じて、観客はその世界についてのリアリティを実感していくのである。

このような「五感の世界」のもたらす効果について、劇作家・演出家の平田オリザは、「イメージの共有しやすいもの」というより範囲の広い言葉で説明している。


私たちは、普段、他人の心の中を見ることはできません。家族や恋人でさえも、本当の気持ちというのはよく分からない時があります。／しかし、優れた演劇や映画に出会うと、主人公の気持ちが痛いほど分かるということを私たちは経験しています。「あぁこの人、本当に悲しいんだろうな」とか「確かに人間は、嬉しい時にこうなるな」といった気持ちになることも多いでしょう。こうして登場人物の気持ち、心の中が、直接的なイメージとして観る側に伝わった時に、演劇的な感動が起こります。私たち演劇人は、多くの場合、この感動を目指して作品を創ります。／しかし、先にも述べたように、この人間の心の中というものは、なかなかイメージの共有のしにくいものです。ここに演劇を創る最大の困難もあります。／そこで、経験を積んだ劇作家や演出家は、必ず、「イメージの共有のしやすいものから入っていって、イメージの共有のしにくいもの（＝人間の心）へとたどり着く」ように作品を構成します。（『演技と演出』平田オリザ、講談社現代新書、二〇〇四）

これは「五感の世界」こそ、ドラマを深める時には必要なものである、ということにほかならない。そして、上手くすれば「五感の世界」の先に「不可視の世界」が立ち上がることもしばしばあるのである。

やや遠回りをしてしまったが、この「不可視の世界」と「五感の世界」に注目しながら、アニメ版『精霊の守り人』を見ていきたいと思う。

まず最初のポイントは、いかに物語を始めるか。これは、ファンタジー世界へ観客を導くための「基礎工事」にあたるといえる。

原作『精霊の守り人』は、「序章　皇子救出」で、青弓川に落ちた第二皇子チャグムをバルサが鮮やかに救出するところから始まる。構成的には、映画におけるアヴァンタイトルのアクションといったところか。ちなみに平田オリザの文章の中ではアクションや踊りなども「イメージの共有のしやすいもの」の中に含まれている。

では「不可視の世界」のほうはというと、舞台となる「新ヨゴ皇国」の来歴について、第一章2節「〈星の宮〉の狩人」になってから初めて紹介される。

これは、「バルサ視点で物語を見ていて、バルサの目に映る風景を見ながら、この世界はどういうところかを考えている。すべて物語を書きながら考えていくので、最初に世界を設定したことはないんです」（『活字倶楽部』上橋菜穂子インタビューより、雑草社、二〇〇七年春号）という執筆スタイルによるものだろう。

そしてこの語り口は、登場人物たちを高みから見下ろさないため、「浮ついたところのない設定に、泥臭いキャラクターたちが登場する、地に足がついた珍しいタイプのファンタジー」（『Charaberrys』神山インタビューより、エンターブレイン）という印象につながっている。

これを踏まえた上で、アニメ版の冒頭はどのように始まったかを見てみよう。アニメ版では、バルサは険しい岩山の稜線を昇りながら姿を見せ、これから目指す新ヨゴ王国を見下ろす。そして「一年ぶりか」の台詞と前後して、かがんで握った砂を手のひらから強い風にのせてこぼす。

原作とは場面は違うものの、ナレーションや字幕による「不可視の世界」の説明から入るのではなく、「五感の世界」を実感させる芝居から入っているという点は同じである。

ここでほかのアニメ作品に目を転じてみると、このような「五感の世界」を作中で駆使するのが巧みな演出家の筆頭に、宮崎駿がいることに気付かされる。

たとえば『風の谷のナウシカ』では、廃村で拾い上げた人形が手の中で崩れ落ち、菌類の胞子を指でついて試験管に落とす様子が描かれる。あるいはロウファンタジーではあるが『となりのトトロ』も、崩れそうな柱を揺らす、小川からバケツで水をくむ、壁の割れ目に指を突っ込むなど、序盤から触覚の官能が徹底的に繰り広げられているのだ。

さて、バルサはその後山を下り始め、タイトル画面を挟んで、棚田の広がる田園地帯へと出る。街道脇には漢字らしき文字が刻まれた一里塚らしきものが立っており、行き交う人々はみな荷を背負っていて、商人らしき風体の人間も多い。

キャラクターの行動に寄り添いつつ描写を重ねていけば良い小説と違い、アニメはつねに具体的・客観的な背景を必要とするメディアである。そのためここは物語の本筋に入る前に、アニメ版『精霊の守り人』なりの「不可視の世界」の存在を観客に示す役割で挿入されたと考えられる。

たとえばモンスーン地帯を思わせる棚田の風景に、冒頭の岩山に出てきた岩の塔（ネパールなどのストゥーパに似ている）の印象が重なれば、『精霊の守り人』の舞台がアジアのどこかのような場所であることはすぐさま理解できる。それを補強するのが、漢字によく似た文字の登場でもある。ちなみに原作で具体的に水田が登場するのは第一章5節「逃げる者、追う者」になってからのことだ。

また街道脇にある一里塚の存在は、街道を整備するだけの政治力がこの国に存在することの証しだし、商人とバルサの金をめぐる会話は、貨幣経済がかなり発達した社会であることをうかがわせる。このあたりは、完全にアニメオリジナルである。

さらに、この山間から都までの道のりは、後にバルサがチャグムをつれて逃げるルートをほぼ逆転したものであり、観客にとって後の展開の予習となっているところも見逃せない。

アニメ版『精霊の守り人』は、ナレーションでこそ「不可視な世界」に言及することはないが、その冒頭で、世界の法則やシステムについて、控えめながら確実にその存在を匂わせているのである。なおアニメ版『精霊の守り人』では、世界の法則の元ネタとして、江戸時代中期の日本が想定されている。前述のディテールのいくつかは、おそらくそうした歴史的事実から作品へのフィードバックの結果であろう。

都に入ったバルサは、川に落ちたチャグムを助ける。その後、バルサが一人で夕食を食べるシーンが出てくる。これは原作では特に描かれていない場面だが、ここもまた『精霊の守り人』のファンタジー世界を視聴者に印象付けるにあたって重要な場面である。

そもそも食事の場面は「五感の世界」を描くために非常に有効な手段であるということがいえる。原作でも食事の場面はしばしば登場して効果を上げているし、本作の公式サイトには、「今週ノ飯」というコーナーが設けられ、アニメ版でも食事が特別のポジションにあることがわかる。

第一話のバルサの夕食シーンが巧みなのは、それを屋台で食べる丼飯とした点にある。まずシーンの役割としてこの場面は、その後の、チャグムの母・二ノ妃の住まう二ノ宮へと招かれての豪華な宮廷料理とコントラストをなすことが想定されている。

そのためには、バルサの夕食が「庶民的」＝「手間はかかっていなさそうだが、うまそうに見える」必要がある。しかも映像作品である以上、説明に手間をとられるわけにいかない。この演出的に要求されるニュアンスを最短距離で実現する、「共有可能なイメージのリソース」として丼飯を使うというのは非常に正しい。カメラはこの丼飯が出てきた時、アップでわざわざその中身（エアブラシなどの特殊効果が丁寧にほどこされており、単なるセル調の絵よりはるかにうまそうに描かれている）をとらえ、次のカットでリラックスした表情のバルサを映し出している。そして、このうまそうな丼飯を通じて視聴者は、バルサのいる世界を実感するのである。

もちろんいつも丼飯が最善手となるわけではない。それは、ファンタジー世界と現実の距離感の問題であり、『精霊の守り人』の場合は原作の地に足のついている部分が、丼飯を出すことを可能にしているのである。おそらくこういう部分が、神山が本作を監督する時に考えた成算の一部なのであろう。

また、ここでバルサが支払う貨幣の形にも注目したい。貨幣というと丸い形のイメージが強いが、ここでは小さな瓦型の貨幣が使われている。小道具などのデザインを変更するのは、「不可視な世界」を表現する場合の代表的な手法である。

たとえばデザインを徹底して行うことで「不可視な世界」の表現を行ったことで知られるのが、アニメーション映画『王立宇宙軍 オネアミスの翼』（一九八七、山賀博之監督）である。

同作の舞台は一九五〇年代ごろの文明レベルを持ったもう一つの地球。同作は徹底的な細部へのこだわりをもって、その世界を形作ろうとした。現実の地球のものとは似て非なる形をした自動車や路面電車、傘、謄写版印刷の道具、ロケット等さまざまな大道具・小道具は、機能が同じという点で現実との地続き感を保障し、世界への感情移入を可能にするとともに、そのデザインにおいて現実との切断を強調し、異世界のリアリティを体感させた。バルサの使ったお金もまた、そういう機能を果たしているのである。

以上、第一話の印象的な場面を元に、アニメ版『精霊の守り人』のファンタジー世界を支える法則とリアリティがどのように表現されているかを見た。改めて「現実との地続き感」「皮膚感覚」を非常に重視し、ＳＦである『攻殻機動隊』を、一種の現代劇として作り上げてしまった神山らしい地に足のついた〝ファンタジー〟になっていることがわかる。

「五感の世界」を軸にしつつ、「不可視の世界」を垣間見せるようなスタイルで語られるアニメ版『精霊の守り人』だが、特徴的なポイントが一つある。それは外来語の導入だ。

たとえば第一話では、冒頭の商人とバルサのやりとりの中で、バルサが「短槍のメンテナンス」と話す場面が出てくる。メンテナンスは、新ヨゴ皇国の人々にとっても外来語らしく、この言葉を聞いた商人は少々戸惑った表情を見せる。当然ながらこれはアニメオリジナルの場面だ。

ファンタジー（やＳＦ）において、普通名詞や固有名詞、動詞に特徴を持たせ、世界観を構築するという手法は非常にオーソドックスな手法である。『精霊の守り人』の原作にあっても、「星読博士」「ヤクー人」「聖導師」などの名詞が原作者・上橋菜穂子によって考案され、「不可視の世界」の重要な部分を担っている。

アニメの演出家では、『機動戦士ガンダム』で知られる富野由悠季がこの手法をよく使う。『ガンダム』ではロボットではなく「モビルスーツ」と言い換えることが、リアリティの確立に非常に効果を上げていた。

しかし、バルサの使う「メンテナンス」はこれらの言葉の使い方と似て非なるものだ。というのもこの「メンテナンス」という言葉を聞いた視聴者は少なからずそこに「不可視の世界」との齟齬を感じるからだ。これはもちろん〝外来語〟としての違和感を演出し、バルサが諸国を旅している人間らしいと感じさせるのが第一の狙いだから当然の反応といえる。

だがおそらく神山の狙いはそれ以外にもある。冒頭に紹介したとおり、ファンタジーの難しさにおいてトールキンとほぼ同様のことを考えていた神山だが、トールキンが「世界の一貫性」を追求したのに対し、神山はわざと「世界の一貫性」に一抹のノイズをまぜようとしているのである。

その理由は、以下のような神山の発言を補助線とするとよくわかる。

「（引用者注――江戸中期をモデルにする、というアイデアを踏まえた上で）アジア風ファンタジーのリスクはやはりそこで、時代劇であるならば、時代劇をつくれってことなんですよ。なんで江戸時代みたいなの？　日本刀を下げているの？　と、そういうところで引っかかっちゃわれるのが嫌だった。そうすると、肝心の描きたいストーリーだったり、キャラクターじゃないところに目がいっちゃうからね」（『オトナアニメ』VOL.4、洋泉社、二〇〇七）

神山は、観客の注意が「不可視な世界」の一貫性へと傾きすぎ、「五感の世界」で語られるドラマが軽視されることを警戒しているのである。だからこそ「時代劇としてみた時の一貫性」に視聴者の意識がいかないように、視聴者が想定する法則の一貫性を、わざとブレさせるような外来語を忍ばせたのである。実際、作中に英語を母語とした国が登場することはない。〝外国語〟の違和感は、「不可視の世界」の一貫性に織り込まれることなく、違和感としてだけ残る。こうしておけば視聴者は「一貫性がどこまで徹底されるか」だけを気にすることはなくなる。つまりこれが、ドラマの甘みを引き立てるための、塩なのである。

その点で「ホビットについて」から『指輪物語』をはじめなければならなかったトールキンと神山は、正反対の道を選んでいるのである。

もちろん「不可視の世界」にブレを加えるのはリスクの大きい手法である。ヘタをすれば、トールキンが『妖精物語の国へ』で記す通り、世界への「不信」が頭をもたげ、「芸術という魔法は失敗に終わる」可能性すらある。おそらく神山はその点について、一言の言葉であれば大丈夫であろうという計算（それが耳慣れない言葉であるというリアクションを入れて、世界の中に着地させている）とともに、「五感の世界」のかもし出すリアリティが明確にあれば、視聴者の中に世界への不信が頭をもたげることはないだろう、と考えていたはずだ。

そもそも日本のアニメは、〝普通の人間〟をその中に獲得するため、「リアリティ」という手法を導入した。突き詰めていくと、リアリティとは、つまり「共有可能なイメージ」のことであり、

「五感の世界」のことである。アニメ制作の現場ではしばしば「実感がある」とか「感じがでている」という表現で表されるあの感覚である。

このリアリズム的演出スタイルは、前章「アニメに適さない題材、ファンタジー」でも触れたが『アルプスの少女ハイジ』で本格的に導入されたものだ。この延長線上に、宇宙に住む人々をリアリズム的演出で描く『機動戦士ガンダム』が登場する。また一方で『機動戦士ガンダム』はSFテイストの濃厚にあり、緻密な設定を用意し「不可視の世界」の法則の一貫性こそ「リアル」であるという路線を切りひらいた作品でもあった。『ガンダム』のヒットは、それらしい設定を用意することが「リアル」であるというアプローチを後押しすることになった。

神山が『精霊の守り人』で選んだ戦略とは、この「リアル」と「リアリティ」を改めて峻別するということである。それは本稿の言葉で言い直すのならば、「不可視の世界」と「五感の世界」を明確に区別することで、ドラマ持つのリアリティを際だてるということになる。

神山は「監督をやるなら観ておきたい20本」という企画で、一位に『機動戦士ガンダム』を二位に『アルプスの少女ハイジ』を並べてあげている。アニメ版『精霊の守り人』は、リアリズム的演出の系譜にのった作品であり、アニメの「リアリティ」とは「五感の世界」にあると強く信じている作品なのだ。

テレビアニメが教えてくれた世界の名作
――『アルプスの少女ハイジ』『家なき子レミ』『フランダースの犬』『赤毛のアン』

フジテレビ系の日曜日一九時三〇分からの三〇分間は、いわゆる「名作劇場」「名作シリーズ」などの愛称で親しまれた放送枠だ。一九七四年の『アルプスの少女ハイジ』から一九九七年の『家なき子レミ』までおよそ四半世紀にわたって、海外の児童文学・家庭小説をアニメ化し、放送してきた。「名作シリーズ」をきっかけに、海外の風景や習慣などに触れた子供たちは多いはずだ。長期にわたって制作された「名作シリーズ」だが、その基本は最初の『アルプスの少女ハイジ』で固まった。

ヨハンナ・シュピリの『ハイジ』は、戦前から翻訳され多くの人に愛読されてきた。制作会社・ズイヨー映像の高橋茂人社長（当時）も『ハイジ』の愛読者の一人で、長年『ハイジ』のアニメ化企画を温めてきた。

アニメ化を実際に手がけたのは後に『火垂るの墓』などを世に出す高畑勲監督。高畑は『ハイジ』を監督するにあたって、かねてからの仕事仲間であるアニメーターの小田部羊一、現在は監督である宮崎駿の二人に声をかけた。実はこの三人は、直前にアストリッド・リンドグレーンの『長くつ下のピッピ』のアニメ化を企画していたが、原作者の許可が下りず、涙をのんでいたといういきさつがあった。

『ハイジ』は非常に画期的な企画だった。当時の子供番組は『巨人の星』に代表されるスポ根ものブームが一服し、『仮面ライダー』や『帰ってきたウルトラマン』といった特撮番組による〝変身ブーム〟〝第二次怪獣ブーム〟のただ中にあった。さらに、このブームを追いかけるように一九七二年にはロボット同士のバトルが売りとなる『マジンガーZ』が始まり、こちらの路線も人気を集めていた。

当初、TV局や広告代理店は、刺激の少ない『ハイジ』では視聴率が望めないと乗り気ではなかったという。高畑は「この企画をTV局に提案した時、局か代理店の担当者が、もし成功したら銀座を逆立ちして歩いて見せると言ったと聞きました」(『映画を作りながら考えたことII』高畑勲、徳間書店、一九九九)と回想している。

だが『ハイジ』は大ヒットとなった。その理由はいろいろ考えられるが、一九世紀末に執筆された古い原作を巧みにアレンジしつつ、リアリティある映像を作り上げた点を無視することはできない。

原作は、ハイジが不信心な祖父(おんじ)をキリスト教へと導くという信仰に基づいた描写も多く教訓的な側面も強い。アニメでは宗教色を抑えつつ、原作ではあまりページが割かれていないアルムの山の生活を丁寧に描き込んだ。

『ハイジ』というと、暖炉であぶられてとろけるチーズや、ふかふかの藁のベッドなどを思い出す人も多いだろう。こうした山の生活を魅力的に見せた細部は、アルムでの生活を描き込むという方針から生まれたものだ。こうしたアレンジについて高畑は「原作の美点に寄り添いながらそれをいかに説得力あるものにしていくかが私たちの意図でした」(『映画を作りながら考えたことⅡ』高畑勲、徳間書店、一九九九)と記している。

外国の生活の細部は想像で描くことはできない。『ハイジ』はTVアニメでは初めてといわれる海外ロケを行った。高畑、宮崎、小田部らは舞台となった現地を回り、一九世紀末のアルプスやフランクフルトの風土と生活を伝える資料を見たり収集したりした。『ハイジ』の世界のリアリティとはそういった取材に基づくところから生み出された。それは従来の「アニメの背景は書き割りでよい」といった発想とは一線を画すものだった。

『フランダースの犬』や『赤毛のアン』のファンが作品の舞台となった土地を訪れている、というニュースをしばしば耳にすることがあるだろう。このように「現地を訪れてみたい」と思えるのも、『ハイジ』ではじまった、取材に基づいて現地の風土と生活を描き出す姿勢があればこそといえる。

こうして『ハイジ』が切り開いた新たな地平に、さまざまな作品が生まれた。具体的には一九七五年『フランダースの犬』（本作の途中より、制作が日本アニメーションとなる）、一九七六年『母をたずねて三千里』、一九七七年『あらいぐまラスカル』、一九七八年『ペリーヌ物語』、一九七九年『赤毛のアン』と続く。いずれも「懐かしのアニメ」特番などで取り上げられることの多い作品だ。

高畑は一九八〇年に「名作劇場」の路線変更を提案する文章の中で、『ハイジ』以降に制作された「名作劇場」のイメージと路線を次のようにまとめている。

物語の内容は様々でも、素材は共通して古典的名作、舞台は古き良き欧米の美しい自然と村や町。家庭的に幸せとはいえない主人公が明るくけなげに生きていく姿をたっぷり一年かけて描きあげる。原作をダイジェストにするのでもなく、いたずらに事件主義で表面的なドラマを追加するのでもなく、むしろ傍役を含めおのおのの人物像を豊にふくらませる。物語の大きな流れは原作の進行にまかせ、そのなかで主人公の日常にいわば密着取材して彼等の一日一日の生活（生き方）を克明に追いかける。まわりの人々との心の触れあい、主人公の喜怒哀楽は充分に描いてみせるが、日々の小事件や出来事からすぐ教訓をひきだしたり価値判断を加えたりせず、あくまで日常的な事象として取り扱い、それに視聴者を立ち会わせ、主人公とともに生きることを可能にさせる。まわりに配された大人達も、無理に子供の理解出来る範囲に醜悪（矮小）化または英雄（巨大）化せず、様々な性格をもった等身大の大人として現実的に描く。

（『映画を作りながら考えたことⅡ』高畑勲、徳間書店、一九九九）

これは読者の中にある「名作劇場」の印象とも重なるだろう。

リアリティのある外国の風景の中でキャラクターの生活を丁寧に描くことを通じて、子供は一年間をそのキャラクターとともに過ごしたような感覚を味わうことができる。

子供が翻訳小説を読むときの一つの壁となるのは、聞き慣れないカタカナの人名だったり、外国の土地や食べものなどがなかなか想像できないということだ。アニメでは、こうした要素が、子供が感情を寄り添わせるキャラクターの生活空間の中に的確に描き出されるため、その存在がどういうものなのか直感的に理解出来るようになる。

こうしてハードルが下がった結果、『赤毛のアン』や『少女パレアナ』（一九八六年『愛少女ポリアンナ物語』として放送）の原作を手にとった人も少なくないだろう。

もちろん資料不足を想像で埋めた部分、日本人の好みを考慮して原作を大きくアレンジした部分がある作品も少なくない。だが、それも含めて、「名作劇場」は子供が海外の文学作品に触れる入り口となったのだった。

『少女小説から世界が見える』（川端有子、河出書房新社、二〇〇六）は「アニメになった物語」というコラムを設け、「名作シリーズ」のアニメ化にともなうアレンジについて検討した上で、次のように原稿をまとめている。

日本に英米の少女小説が広まったのは、ひとえに村岡花子の翻訳紹介の功績であったが、昭和の終わりから平成にかけての若い人々にこれらの物語を紹介し、定着させたのはこのアニメ・シリーズであった。そうすると、ここに簡単に紹介したような翻案・改変・視覚化は、英米文化の日本受容のある重要な局面を示しているのかもしれない。

しかし一九八〇年代に入ると「名作劇場」の視聴率は次第に下がり始める。『世界名作劇場大全』(松本正司、同文書院、一九九九)などによりながらその背景を見てみよう。

理由の一つに、意識的にか無意識的にか踏襲されていた「一九世紀後半から二〇世紀初頭が舞台」で「大自然の中で少女が活躍する物語」という枠組みのために、有力な原作が枯渇してきたことが挙げられる。

たとえば『南の虹のルーシー』(一九八二)の原作『南の虹』は、当時まだオーストラリアの雑誌で連載中だった。『アルプス物語 わたしのアンネット』(一九八三)は英語圏では子供向け宗教小説『雪のたから』として有名だったが、国内では知名度の低い作品だ。一九八四年の『牧場の少女カトリ』の時には人気があがらず、放送打ち切りの話も出たという。その影響か、一九八五年には、大自然の要素がない有名原作『小公女』を選び、『小公女セーラ』として放送している。

そうした内容面での苦闘に加え、放送環境の変化もあった。「名作劇場」は『ペリーヌ物語』までがカルピスの一社提供。「名作シリーズ」を初期の「カルピスこども劇場」の名前で覚えている人も多いだろう。スポンサーの意向やそもそも視聴率が高かったこともあり、ナイターや特番で放送がつぶれることがなかった。

それが一九八八年の『小公子セディ』から頻繁にナイターや特番が入るようになり、一年間(五二週)のうち、実際に放送されるのは四〇話程度になってくる。放送がつぶれることが多いと、視聴者に視聴習慣が根付かず、さらに視聴率が上がらないという負のスパイラルが生まれてしまう。

原作の不在と視聴率対策の一環であろう、九〇年代に入ってからは完全オリジナルストーリーの『七つの海のティコ』(一九九四)も制作されている。〝名作〟というコンセプトからするとオリジナルストーリーというアプローチは非常に変則的であるのはいうまでもない。

そして『名犬ラッシー』(一九九六)は当初一年の予定で始まりながら、半年で放送終了。続く半年は『家なき子レミ』が放送され、ここで「名作シリーズ」は一度幕となった。

「名作シリーズ」の人気が次第に下火になっていったのは、時代の変化も大きかった。『フランダースの犬』など「名作シリーズ」三本を監督した黒田昌郎は「当時と比べて、今はもう気軽に海外旅行もできる。海外の生活などもドキュメンタリー番組で知り尽くしている人たちに、欧米の生活をきめ細かく見せても、色あせてしか映らないでしょう。名作シリーズの後半、視聴率が下がったことはそのことを物語っていると言えますね」(『世界名作劇場シリーズメモリアルブック ヨーロッパ編』ちばかおり、新紀元社、二〇一〇)と語っている。

では現在は「名作劇場」的なものはもう存在していないのだろうか。

まず「名作シリーズ」を作り続けてきた日本アニメーションは、二〇〇七年に『レ・ミゼラブル　少女コゼット』、二〇〇八年に『ポルフィの長い旅』を制作しBSフジで放送した。地上波放送ではないが、それぞれ「名作シリーズ」の後継作品である。

またスタジオジブリの作品に「名作シリーズ」の香りを感じているファンも多いだろう。たとえば一九八九年に公開された『魔女の宅急便』は、若い女性の人気を集め、配給収入二一・五億円とジブリ作品初の大ヒットとなった。

『宮崎アニメは、なぜ当たる』(斉藤守彦、朝日新書、二〇〇八)によると、同映画の観客をサンプリング調査したところ、平均年齢二一歳の女性が中心だったという。これは五～六歳で『ハイジ』に触れ、「名作シリーズ」とともに子供時代を過ごした層といえる。『魔女の宅急便』は、原作こそ日本人の角野栄子だが、映画の舞台のモデルはスウェーデンのストックホルムとゴットランド島など。外国の少しレトロな雰囲気の町並や小道具は「名作シリーズ」に通じる雰囲気が濃厚だ。

スタジオジブリはその後も海外児童文学の『床下の小人たち』を原作に『借りぐらしのアリエッティ』(二〇一〇)を映画化しているし、同作を手掛けた米林宏昌はその後も、ジョーン・G・ロビンソン原作の『思い出のマーニー』(二〇一四)、メアリー・スチュアート原作の『メアリと魔女の花』(二〇一七)を手掛けている。また同じくジブリの宮崎吾朗も、リンドグレーンの『山賊の娘ローニャ』(二〇一四)、ダイアナ・ウィン・ジョーンズの『アーヤと魔女』(二〇二〇)といった作品を監督している。いずれも原作は翻訳児童文学で、少女が主人公である。

「名作シリーズ」は、大きな足跡を残してアニメ史の中から消えたが、そのＤＮＡはまださまざまな場所で息づいているのだ。

日本のアニメは家族をどう描いてきたか

――『サザエさん』『ど根性ガエル』『魔法の天使クリィミーマミ』『おジャ魔女どれみ』『機動戦士ガンダム』『機動戦士ガンダムF91』『機巧奇傳ヒヲウ戦記』『クレヨンしんちゃん ガチンコ！ 逆襲のロボとーちゃん』

アニメに登場する最も有名な家族は、おそらく『サザエさん』に登場する「磯野家（とフグ田家）」だろう。

『サザエさん』の放送開始は一九六九年一〇月五日。以来、四五年にわたって磯野家は激動の日本社会とともに併走してきた。長谷川町子の原作は一九七四年を最後に発表されていないから、高度成長の終わりからバブル経済を経て平成の世に至る約四〇年をともに過ごしてきた隣人はアニメの『サザエさん』ということができる。

放送四五周年を記念した「みんなのサザエさん展」の公式サイトでは「21世紀に入って十余年が過ぎた現在でも、『サザエさん』は温かみのある良き日本の家族を描いたアニメ作品として、今なお高い人気を集めています」と紹介している。

とはいえ、設定だけ見れば『サザエさん』一家はかなり特殊な一家だ。特に「長女一家が実家に同居する」という設定は、原作が発表された時期を考えても決して「平均的な日本の家族」のものではない。ただ、サザエが嫁ではなく娘であったことは、作品の方向性に大きな影響を及ぼしたと考えられる。

サザエが嫁でなく娘のポジションにいるため「家制度に抑圧される嫁」という現実の日本の家族が孕んできた問題と『サザエさん』一家はまったく無関係となった。波平が体現する家父長制の厳しさは主に、いたずらっ子である長男カツオに向けられている。この結果、両親と同居しつつも、サザエとマスオの夫婦はニューファミリー的な色合いを帯びることになった。これが作品の間口を広げ、長期放送によって生じた視聴者との家族観の距離を調整したのだ。伝統的価値観とニューファミリーの巧みな折衷こそが『サザエさん』を屈託なく「良き日本の家族」と呼べる存在にしているのだ。

もちろんアニメにおいて『サザエさん』だけが家族を描いたアニメではない。むしろそのほかの作品のほうが積極的に時代を反映した家族の姿を描いてきたといえる。

まず「母親の仕事」という観点からアニメにおける家族の姿の変遷を見てみよう。たとえば一九七二年放送の下町人情もの『ど根性ガエル』の主人公ひろしは、仕立物屋をやっている母に女手ひとつで育てられたという設定だ。劇中にもしばしばミシンを踏んでいる母の姿が描かれる。この母の仕事は、そのまま父親の不在と結びついている。専業主婦が多い時代であればこその「働く理由」だ。

これが一九八〇年代になると、より自然な形で母親と仕事が結びついてくる。

一九八三年の『魔法の天使クリィミーマミ』は、魔法のステッキを手に入れた一〇歳の少女森沢優が、マミという一六歳のアイドルとなって活躍する魔法少女ものだ。メルヘンの世界の要素を抑えめにして、中央線沿線を思わせる郊外を舞台に設定して、従来の魔法少女ものより日常性を強調しているのが特徴だ。

優の両親・森沢哲夫と森沢なつめはの二人は元暴走族の友達夫婦で、今も互いを愛称で呼び合っている。二人は一緒にクレープ店を経営しており、一緒にお店に立って働き、さほど多くないとはいえ哲夫が台所に立つシーンも作られている。主人公の家族が自営業を営むという設定は珍しいものではないが、『魔法の天使クリィミーマミ』の家族像で特徴的なのは、この二人がともに働くことを通じてイコール・パートナーであることを表現している点にある。

これが一九九九年から二〇〇三年まで放送された人気作『おジャ魔女どれみ』シリーズになると、「働くお母さん」はさらに当たり前の存在になる。『おジャ魔女どれみ』シリーズには最終的に五人の少女が登場するが、それぞれの両親の仕事は次の通り。主人公どれみの母親をのぞく四人の母親はいずれも仕事を持っている。

春風どれみ　父：釣り雑誌のライター／母：主婦
藤原はづき　父：映画監督／母：インテリアコーディネイター
妹尾あいこ　父：タクシー運転手／母：看護師・ケースワーカー
瀬川おんぷ　父：鉄道運転士／母：マネージャー（※おんぷがアイドルのため）
飛鳥ももこ　父：建築デザイナー／母：カメラマン

父母ともにいわゆる会社勤めがないのは、主たる視聴者層である未就学児童にとっては「会社」がわかりにくい場所だからだろう。子供にとってある程度想像が可能で、かつ憧れを感じるような職業がセレクトされている。

ちなみに平成二二年度（二〇一〇）の国勢調査によると、全夫婦のうち「調査期間中、主に家事をしていた妻（＝専業主婦と思われる妻）」の占める割合は約三八・五％である。つまり残り六割の家庭では妻がなんらかの形で働いており、こうした変化がアニメの家族像にしっかりと反映されているのだ。

また、本作で特筆すべきは妹尾あいこの家庭環境だろう。あいこの両親は離婚しており、あいこは父と二人暮らしをしているという設定なのだ。劇的なストーリーを追究する作品ならともかく、日常性の上に立脚する魔法少女もので、離婚による一人親の家族が描かれたのは画期的だ。離婚件数は一九八〇年代と比較して、およそ一〇万件も増加し、二五万件前後に達しているというのが現状だ。この点でも、子供たちの身の回りに一人親家族が珍しくはない現実が作品に反映されているのだ。

次に「父親と仕事」の観点から興味深い作品をピックアップしてみよう。『機動戦士ガンダム』（一九七九）はスペースコロニーと地球の独立戦争に巻き込まれた少年アムロがさまざまな体験を通じて大人になるロボットアニメだ。

アムロの両親は別居（実質的離婚）の状態にある。離婚率が上昇していたアメリカで離婚裁判を扱った映画『クレイマー、クレイマー』が公開されたのが一九七九年一二月だから、それに先んじる設定といえる。

別居のきっかけは軍属の研究者である父テムが、宇宙での仕事を選んだこと。テムは幼いアムロを連れてスペースコロニーへ移り住み、「宇宙にはなじめない」と同行を拒否した母カマリアは地球に残った。父一人子一人で育つことになったアムロだが、仕事優先のテムは放任で、アムロの世話はお隣の幼なじみフラウ・ボゥの役割だった。本作はアムロと両親の間に微妙な距離感を設定し、そうした親を振り切るように大人になるアムロを描き出したのだ。

その一二年後、アムロの父に対するアンサーともいうべき父親像が登場する『ガンダム』が制作された。それが一九九一年公開の『機動戦士ガンダムF91』だ。

主人公シーブック・アノーはスペースコロニー・フロンティアⅣに住む高校生。父レズリーは溶接工として働いており、下に妹のリィズがいる。母モニカは仕事で長く家をあけたままだ。どうして一家に母親がいないのか。

実はレズリーもモニカももとは研究者だった。だが結婚し第二子であるリィズが乳離れをしたころから、モニカはヒステリーを気味になった。その原因が家庭にあるとレズリーは考えたのだろう。モニカもモニカの仕事も愛していたレズリーは、モニカを単身仕事へ送り出す決意をする。そして、自分は研究者のキャリアを捨てて溶接工として二人の子供を育て上げたのだ。そのため後半では家を出てしまった母モニカと子供たちの和解がドラマの一つのポイントになる。

〝イクメン〟という言葉ができるはるか以前に、キャリアを捨てて家族のために生きることを選ぶ父親像を描いているという点でも。『機動戦士ガンダムF91』は興味深い作品といえる。

父親とキャリアという観点で、かなり突っ込んだアニメはまだほかにもある。二〇〇〇年から放送された『機巧奇傳（からくりきでん）ヒヲウ戦記』がそうだ。

『ヒヲウ戦記』は幕末を舞台にした歴史アニメだ。ヒヲウは、三河国にある「機の民の村」に住む少年。機の民とはからくりを作り操る人々のことだ。この村がある日、同じくからくりを操る一団「風陣」の襲撃を受ける。村を逃げ出したヒヲウたちは、旅に出ている父マスラヲを探して村を後にする。

ヒヲウがマスラヲと再会するのは物語の中盤。マスラヲはなんと風陣のもとでからくりの研究を行っていたのだ。そしてヒヲウから「機の民の村」が燃やされたことを知らされてなお、マスラヲは風陣の元を去らない。なぜなら自分の研究を実現できる環境はそこにしかないからだ。ヒヲウを愛していないわけではないが、自分の生き方も曲げられない。そのため、マスラヲは自分を慕うヒヲウを「おまえはおまえの夢を追え」と遠ざける。

テムのように愛情が薄いわけでもなく、レズリーのようにすっぱりキャリアをあきらめることもできない、ごく普通の働く父親の苦悩がマスラヲを通じて描かれている。『ヒヲウ戦記』は歴史ものではあるが、その父親像はリアルなものとして視聴者に迫ってくる。

以上、アニメにおける印象的な父親像をピックアップしたが、現在アニメを代表する父親キャラクターといえば『クレヨンしんちゃん』の野原ひろしに尽きるだろう。

野原ひろしは三五歳で双葉商事に務めるサラリーマン。妻みさえとの間に長男しんのすけと長女ひまわりがいる。恐妻家であり、しんのすけにおちょくられてばかりのひろしだが、いざという時には頼りになる存在だ。

シリーズ第22作である映画『クレヨンしんちゃん ガチンコ！ 逆襲のロボとーちゃん』はそんなひろしをフィーチャーした一本。ひろしは、邪険に扱われる日本の弱い父親達の復権を企てる「父ゆれ同盟」の陰謀に巻き込まれる。

おもしろいのは「父ゆれ同盟」の首魁である鉄拳寺堂勝（てっけんじどうかつ）の人物像。髭を生やし和服姿で押し出しの強い堂勝は実は操りロボットに過ぎない。堂勝を操っていた黒幕は、実は妻と娘からも疎んじられている警察署長・黒岩甚太郎だったのだ。弱さをこじらせた男性が反動でマッチョになり、伝統的価値観を振りかざすという設定は、「父権」をめぐる世相を巧みに織り込んだアイデアといえる。

もちろんひろしは、堂勝の主張には与せずしんのすけを助けるために奮戦することになる。理屈ではなく目の前の家族本位で行動できるその姿がひろしをしばしばヒーローにするのである。

家族とは、互いを精神的に支える私的集団であると同時に、社会を構成する最小限のユニットでもある。子供向けあるいはファミリー向けアニメに登場する家族は、子供の視点を規準に、私的集団としての家族を描く。だから、時代が変わって家族の形態がどのようなものになっても、そこにあるのは「包む／包み込まれる」安心した関係だ。

一方、『ガンダム』シリーズのようなヤングアダルト層やそれ以上をターゲットにした作品は、家族の社会的ユニットの側面に注目する。そこで描かれる家族は、社会の荒波に揉まれ、時に崩壊してしまいそうにもなる弱い存在だ。それだけに現実の家族が突きつけられている問題や苦悩がそこに込められることになる。

アニメが描いてきた家族像は、一般的な視聴者が思い描く以上に多様で多彩だ。それは日本のアニメが未就学児から大人まで非常に幅広い世代をターゲットにしてきたその結果といえる。家族とは、どの年代の視聴者にとっても身近でかつ切実なテーマなのだ。

セカイ系と非セカイ系の狭間で
――『プラネテス』

『プラネテス』は、軌道上に浮遊するデブリ（ゴミ）回収を仕事とする主人公ハチマキを中心に、宇宙に魅入られた人々を描いた作品だ。原作は週刊漫画誌『モーニング』に掲載された幸村誠による同名漫画。アニメ版は、二〇〇三年一〇月よりＮＨＫ衛星で放送。どちらもＳＦファンが選ぶ星雲賞に選ばれている。

アニメ化にあたっては、主要な舞台の一つとしてテクノーラ社という宇宙産業関係の大企業を設定。主人公ハチマキが所属するデブリ回収チームも、デブリ課として同社の一員となる、原作と違った設定が与えられた。このアレンジに伴って、デブリ課の課長や、事業部長のドルフ、ハチマキの同僚として管制課のクレア、航宙課のチェンシンなどのオリジナルキャラクターが新たに配された。また、全二六話という長丁場を構成するため、随所にオリジナルのエピソードも追加されて、『プラネテス』の世界の〝解像度〟を上げ、〝広さ〟を感じさせることになった。

このように取り上げると、未見の読者の中には、「良作」（この言葉の持つ〝主体の不在〟と〝体温の低さ〟はどうにも違和感を禁じ得ない）と思う人も多いだろう。だがアニメ版『プラネテス』には、そうした「良作」というありきたりな言葉で収まりきらない部分が多い。というのもアニメ版『プラネテス』のアレンジは――奇妙な言い回しになるが――原作から離れることで、むしろ原作の本質へと接近してるところが最大の特徴だからだ。そして当然ながらこの原作の〝離れ方〟が、原作とアニメ版の違いを浮き彫りにしているところでもある。この差異と共通点の振幅の中にアニメ版『プラネテス』を味わうポイントがある。

では、原作とアニメ版ではどこが違うか。先に紹介として書いた「会社もの」へのアレンジは、むしろ本質的な変更の結果、表層に浮かび上がったものに過ぎない。原作とアニメ版で最も違う部分は一言でいうと、作品が持っているベクトルの向きだ。

原作のベクトルは、ある一定の時点から急激に登場人物のインナースペースへと向きはじめる。具体的にいうとPHASE.5「IGNITION―点火―」における、ハチマキのオルター・エゴ（分身）の登場、それを引き継ぐ形でPHASE.12「夜の猫」より登場する猫のイメージが、ハチマキの物語をインナースペースへと引きずり込む。そしてハチマキのインナースペースと対になる形で、新人タナベが「捨て子で、ある歳まで一切言葉を持たなかった」というエピソードが、やはり猫を象徴に描かれる。またPHASE.9「サキノハカという黒い花　後編」における宮沢賢治の詩「サキノハカといふ黒い花といっしょに」の引用も、当初の手触り感覚ある宇宙ものからの雰囲気の変化を大きく印象づける。

加えていうならば後半でページを割いて描かれる、木星往還船の開発責任者ロックスミスや、デブリ回収チームのリーダー・フィーをメインに据えたエピソードも、それぞれの登場人物の心のひだへと分け入っていくような内容になっている。

おそらく原作は、最初からラストを想定して描き始められたものではない。PHASE.1「屑星の空」が読み切りとして発表された後、おそらくはその好評を受けて、不定期連載されたものだろう。PHASE.1ではハチマキはまだ狂言回しにすぎないし、PHASE.2「地球外少女」までは髪の毛がベタでなく白で（PHASE.3からベタになる）、外見そのものも傍役的である。こうした過程から想像されるのは、おそらく作者は、一篇一篇物語を紡ぎながら、その過程を通じて、物語のテーマを発見していったであろうということだ。

原作はさまざまな試練でハチマキを試しながら最終的には、宇宙（スペース）とは自らのインナースペースをすべて含んだものであるという、一種の悟りともいえる境地へと到達する。そして宇宙の中にあるすべてのものは関わり合っていて、その相互作用こそ「愛」というべきものだと結論する。それを象徴するのが、木星に到達したハチマキが、地球へ送るメッセージの中にある「愛し合うことだけがどうしてもやめられない」という言葉である。

こうして改めて振り返ってみると、原作は非常に「純粋」な作品であることがわかる。人とは何か？　宇宙とはなにか？　文明や戦争に意味はあるのか？　そして愛とは？　そんな疑問に一つひとつ誠実に向かい合っている。この「純粋さ」は、セカイ系の作品群と――まま重なるというわけではないが――一脈通じるところがある。

セカイ系とは、九〇年代後半以降に登場したある作品群の傾向をとらえた言葉だ。広くは「キミとボクしかいない身の回りの状況と、それとリンクした世界の一大事しか存在しない世界観」が特徴といわれている。具体的には（当時はまだその言葉は存在しなかったが）『新世紀エヴァンゲリオン』をその嚆矢とし、代表的な作品としては『最終兵器彼女』や『ほしのこえ』がよく挙げられる。ただし、もとの定義がかなりあやふやなので、それぞれの作品ごとにニュアンスは異なっている。

原作の『プラネテス』は、通常「セカイ系」では手薄とされる社会の状況も、かなり描かれている。しかしそれでも、「セカイ系」的ニュアンスが感じられるのは、人物たちが「宇宙」や「愛」や「戦争（あるいは平和）」といった個人では考えようもない大きなテーマについて、自らの内面に深く降りていくことで思考し、そして自分なりに〝納得〟する結論へと到達するからだ。

つまりインナースペースで繰り広げられる葛藤を「純粋」に突き詰めた結果、価値観の変容が起こり、彼らにとって「世界」が変容するからだ。原作のカタルシスは「世界」がインナースペースの働きの結果、変容しうる「セカイ」として立ち上がるところにこそあるといってもいい。

唯一のリアリストとして描かれているロックスミスもまた、例外ではない。「神が愛だというのなら、我々もまた神になるべきだ。さもなくば……我々人間はこれから先も永久に……真の愛を知らないままだ」と語り、彼の動機も、自己を純粋に研ぎ澄ましていた結果立ち現れるであろう世界の変容にあることが示されている。

つまり、私とセカイの相互作用こそ原作の核にあるもので、そこが原作と「セカイ系」が非常に接近している点でもある。

これに対して、アニメ版のアプローチはまったく違う切り口で原作を切るところからスタートしている。アニメ版は決して、世界＝セカイをその核にはしない。

ちょっと神秘的な雰囲気を持った新人タナベは、アニメ版では頭でっかちな理想主義者ではあるがごく普通の女子として設定し直されている。ハチマキの心理的葛藤を描くために、アルター・エゴは登場するが、セカイの象徴としてのネコは登場しない（ただし、テロリストが通信中に使う画像の中に登場はする）。まして宮沢賢治の引用などもない。

原作からそれらの要素を引き算した上で、アニメ版に加えられたのは「社会」である。「社会」とはつまり、それぞれの価値観を持った他人の集合体であり、セカイ系の作品では扱いが軽くなる領域である。かつていくつかの作品とともにアニメ版『プラネテス』を「非セカイ系」の作品と呼んだことがあるのだが、その理由は、セカイ系では手薄になる「社会」というものを作中で表現しようと積極的に描き出そうとしていたからだ。

テクノーラ社という設定は、そういう社会を具体的に描き出すための場所として非常にうまく機能していた。自分とまったく価値観の違う相手と、顔をつきあわせながらそれでも仕事をしなくてはならない場所として、会社という存在はまさに社会の縮図といえる。上司や会社の上層部だけではなく、ドラマには大きくかかわらないものの要所要所で登場するハチマキの同期たちの存在も、会社という場所の広がりを印象づけた。

さらにアニメ版では一話完結のエピソードが多く入る部分を利用して、テクノーラ社以外のゲストキャラクターたちにもそれぞれの価値観や人生を与え、それを描いている。それもまた「社会」の存在を印象づける。

たとえばPHASE.5「フライ・ミー・トゥー・ザ・ムーン」。月へ向かうルナフェリーの中でハチマキやタナベたちと乗り合わせた乗客たちが繰り広げるややドタバタ色のあるエピソードだ。そこでは、借金を理由に心中を覚悟した親子連れ、タナベの財布をするスリ、それにあやしげな映画（ＡＶ）撮影クルーなどが登場し、折に触れてそれぞれの理屈で人生を語る。彼らは、「愛」を信条とするタナベと対照になることでお互いのキャラクターを強調し合う。

これだけ取り出せば普通のエピソードなのだが、実は彼らの登場はこのエピソードだけに留まらないのだ。中でも少女シアとその両親は折に触れてその後が点描され、借金のカタに農園で働かされる姿や、そこを逃げ出す様子、一家でホットドックスタンドをやっている様子が描かれている。また最終回では、スリや映画（ＡＶ）撮影クルーが、別のエピソードのキャラクターたちとさりげなく接点を持っている様子がさりげなく挿入されている。

こうした描写を重ねることで、本篇はあくまでもハチマキとタナベにカメラが寄り添っているから「主人公」であるが、それぞれの人生においてはそれぞれが「主人公」なのであるという感覚が浮かび上がってくる。こうした感覚はセカイ系と呼ばれる作品にはなかなかない。

そしてそれぞれの人生を交錯させていく手法が見事に結実するのが、最終回のノノとハキムの出会いだ。ノノは、月面で生まれたルナリアンで、一度も地球に降りたことがない。一方、ハキムは大国中心の宇宙開発利権から取り残された弱小国の出身で、木星往還船の破壊などを実行しようとしたテロリストである。

ハキムはこの前のエピソードでは、木星往還船に対するテロの最中にハチマキと決闘し、生死不明のままとなっていた。そういうキャラクターを最終回で再び出してきたという点だけでまず、作り手はハキムの価値観もまた否定しがたいと考えていることがうかがえる。

そしてその上でハキムを「国境」というものを理解できないノノと出会わせたのだ。

ハッチから漏れる光で明暗のコントラストがくっきりとついた月面。影の部分に立つハキムと光の部分に立つノノ。二人の間には消すことのない線が存在する。その線が存在するにもかかわらず、ノノとハキムは関わりあってしまう。そして、ハキムの中に生まれる幾ばくかの混乱。この出会いがどういう意味を持ったのか作品はあえて描かないが、それが一層、人と人が出会ってしまうことが人生であるという意味を際だてている。

PHASE.25「惑い人」（このサブタイトルは、プラネテスという言葉の意味の一つである）でハチマキは、人と人がかかわりあっていてそのつながりそのものが「宇宙」なのだと実感する。これは原作でもほぼ同様のエピソードとして登場しているが、アニメ版はノノとハキムのエピソードに代表されるように、「人と人のかかわりの総体」というものをシリーズを通じて描いているのである。

つまり、アニメ版が原作になかった社会という要素を全面的に取り入れたことは、一見原作から離れたように見えながら、「この世に宇宙の一部じゃないものなんてないのか／オレですらつながっていて／それではじめて宇宙なのか」という原作の中核に位置する台詞を実感を持って指し示すためのアプローチだったわけだ。

ここで原作の持っていた「セカイ系」的要素と、アニメ版が立脚する「非セカイ系」的要素がコインの裏表のようにピタリとはまるのである。そこにアニメ版の魅力がある。

セカイ系というのは、いってしまえば学生の世界観だ。たとえば劇作家の平田オリザは著書の中で、学生たちは「知らない人と会う」という経験に乏しいと指摘しているが、つまりそれは「キミとボク」と「（TVから伝えられる）世界の大問題」しかないということにほかならない。だが多くの社会人はそうではない。キミとボク以外の、もっと多くの他人が存在することを意識しながら生きている。セカイ系がしばしば批判されるポイントもそこにある。

アニメ版『プラネテス』がアニメの枠を超えて、広く多くの人を刺激しうる作品になっているのは、そういう社会人の視線から見た感覚がちゃんと盛り込まれた上で、セカイ系が射程にとらえているようなスケールの大きな叙情、詩でしか語ることのできないような大切なことが、そっと差し出されているからなのだ。

終わりの中で生きてゆく倫理

――『少女終末旅行』『優しく雨ぞ降りしきる』『ポストマン』『地球の長い午後』『ヨコハマ買い出し紀行』『渚にて』

舞台は文明が崩壊してから長い年月が過ぎた未来。生物もほとんど死滅し、残っているのは廃墟となった巨大都市だけ。そんな世界をチトとユーリという二人の少女が、ハーフトラックのケッテンクラートに乗り、階層都市の最上層を目指して旅をしていく。『少女終末旅行』はそんな作品だ。

原作はつくみずの同名漫画。そのうち四巻までのエピソードがアニメ化され。二〇一七年一〇月から全一二話で放送された。原作のエピソードを二つもしくは三つまとめて一話分にしている。

本作を象徴するのはエンディングテーマ『More One Night』の冒頭に入るチトとユーリが声を合わせて言う「終わるまでは終わらないよ」という台詞だ。全篇を通して見ると、これが実にうまい具合に本篇の立ち位置を示しているとわかる。

世界はどうして終末を迎えたのか。作品の前半では、そこにあまりフォーカスは当てられていない。むしろ「終末の中の日常」が主な題材として描かれる。「風呂」「日記」「洗濯」「写真」「住居」「昼寝」「雨音」といったサブタイトルの言葉（原作のサブタイトルをそのまま使っている）が、その雰囲気をよく伝えている。たとえば第一話後半の「戦争」というエピソードで、チトとユーリは廃墟に残された兵器や戦車、飛行機の残骸から過去に起きたらしい戦争に思いをはせる。だが、それは最終的に、レーションをめぐる二人のケンカ（＝戦争）という日常へと収斂していく。過去の戦争は、巨大な階層都市も作った〝古代人〟たちの行ったことで、どうやら二人とはかなり距離がある出来事のようだ。

こうして二人は、過去の戦争の影をチラチラと感じながらも旅を続けていく。その雰囲気がぐっと変わるのは、第一一話の「破壊」。ふたりの前に落下してきた巨大な二足歩行兵器。コックピットに入り込んだユーリが何気なくレバーを触ったところ、ロボットからミサイルが発射される。さらにユーリがボタンを押すとビームが放たれる。遠くの廃墟が火の海となり驚く二人。

そして第一二話前半の「接続」で、過去に何が起きていたかが具体的に映像として示される。原子力潜水艦を発見した二人が内部に入ると、デジカメが反応をする。このデジカメは、二人が初めて出会った生存者カナザワから譲られたものだ。

デジカメは、原子力潜水艦のコンピューターと接続したらしく、中の写真や動画が空中モニターに表示される。デジカメはカナザワから二人に譲られる前にもさまざまな人々の手を渡ってきたらしく、戦争が起こる前の映像も含め、その中には大量の写真や動画が含まれていた。

原作は、無数の写真や動画が展開されている様子を見開きで描写したが、アニメでは戦争前に撮影された動画の一つ一つを丁寧に見せていく。

新生児を抱っこする夫婦。運動会の徒競走。クラシックのコンサート。スポーツ中継。会社で仕事をする人々。アイドルのコンサート。犬と駆け回る少女。平和な時代の平和な風景。

そこに戦争の動画が挟まれる。空を埋め尽くす軍用機や激しい市街戦。空襲の痕跡や、街を焼き尽くす二足歩行兵器。電磁波爆弾が使用され、電子機器が一切使用不可能になったというニュースも保存されている。そして世界中の巨大都市が沈黙していく。こうしたこの戦争の顛末を語るくだりは、原作には描かれていない。

さらに映像は、今はもういなくなってしまった魚や鳥など野生の生き物たちの動画も映し出す。このデジカメの中にあるのは、この惑星の上に、どんなことがあって、どんなふうに失われてしまったかということの記録なのである。

戦争前の人々の姿は、アニメならではの動きと声によって体温が宿っており、だからユーリの「私達ずっと二人っきりだけどさ。こうして人々が暮らしていたんだなってことがわかると……、少しだけ寂しくない気がする」という台詞が説得力をもって迫ってくる。

二人がここで目撃したのは、この世界の「終わりの始まり」なのだ。

そして続くエピソード「仲間」では、エリンギと呼ばれる〝存在〟が登場。エリンギは核ミサイルや原子炉など、潜在エネルギーが高い物体を飲み込み、無力化させる存在で、一つの都市で仕事を終えると、頭部の傘を広げて（だからエリンギに似ている）飛び立ち、別の都市に向かうのだという。すべての都市の処置を終えた時、地球は静かに眠りにつき、エリンギたちの活動も終わるのだという。さらにエリンギは、この都市にはチトとユーリしかいないと告げる。

エリンギが語ったのはつまり「終わりの終わり」だ。そう遠くないいつか地球は眠りにつく。人間もいなくなる。カナザワもかつては二人で行動していたが、チトとユーリと会った時はもう一人だった。チトとユーリにもそういうことが起こるかもしれない。でも「終わるまでは終わらないよ」なのだ。そして、第一二話は、チトとユーリの楽しかった思い出を象徴する挿入歌「雨だれの歌」が流れて締めくくられる。

ちなみに原作はここから単行本二冊分エピソードがあり、彼女たちが階層都市の最上層に到達するまでが描かれる。つまり彼女たちの旅の終わりが描かれ、そこで「終わりの終わり」の物語として完結するのである。

ポスト・アポカリプスを描いた作品は、いろいろあるが『少女終末旅行』は、去っていった過去と、流れ去っていく旅の風景を重ね合わせることで「終わりの終わり」を生きることを描いていた。『少女終末旅行』の廃墟となった都市や誰も住んでいないマンションの部屋を舞台にした第五話の「住居」を見て思い出したのは、あまりに有名だけれどレイ・ブラッドベリの『火星年代記』の中の一篇「優しく雨ぞ降りしきる」だ。

この短篇は、ご存知の通り人間が出てこない。人間は核戦争で、その影を壁に焼き付けたまま消えてしまった、そして主のいない家が、自動装置に従って、目覚ましをならし、朝食を用意し〝いつもの朝〟を始めるというエピソードだ。

最初は完璧にいつもの日常を再現していた家だが、夜になり庭木が倒れ火事になってしまう。やがて家は崩れてしまうが、最後に残った壁は「今日は二〇五七年八月五日です」という音声を繰り返す。

人間が登場しないこの短篇には、作中でいろいろな音が鳴っているけれど、それでも独特の静けさを感じさせる。燃え盛る家の音すら包み込むような大きな静けさ。それは『少女終末旅行』の持っている静けさと通じるところがある。

ちなみにこの短篇はソ連時代の一九八四年に短篇アニメーション化されている。これは全般に暗い色調で、家族は睡眠用のカプセルに寝たまま黒い灰になっているように描かれている。ベットが起き上がるとその灰がこぼれて床に小さな山になる描写がなかなかインパクトがある。あと外に降っているのが雨ではなく、おそらく核の冬をイメージした雪なので空が暗く描かれていて、それもこの短篇が陰鬱な雰囲気になっている理由の一つだ。

そういう意味で短篇アニメーション版は「核戦争後の日常」とストレートに向かい合っていて、原作の皮肉な雰囲気は薄めの映像化なのだが、唯一、外は真っ暗なのにリビングには晴れた空を描いた偽物の窓（モニター）がついているというアイデアは皮肉がきいていた。

『少女終末旅行』はタイトルどおり「旅」も重要なポイントだ。そこで、ポスト・アポカリプスものでかつ主人公が旅をする小説も探してみた。

まず一つめはデイヴィッド・ブリンの『ポストマン』。「終わりの終わり」を描いた『少女終末旅行』とは対照的に「終わった後に、新たに始める」物語だ。

一九九〇年代に世界大戦が起き、人類は「三年間の冬」という厳しい時代を過ごす。文明は崩壊し、北米大陸では開拓時代レベルまで文明が後退しつつも、なんとか生き残った人々と、無法集団サバイバリストの間で生き延びるための戦いが繰り返されていた。主人公ゴードン・クランツは、もともと点在する集落をめぐり芝居を見せることで暮らしていたが、ある時、アメリカ合衆国の郵便公社郵便配達員の制服を手に入れる。彼は配達員になりすまし、集落で人々に、復興政府が発足しているとウソを語りながら、文明の再建を促し、人々を結びつけていく。

解説で高橋良平は、アメリカ開拓の歴史と郵便制度の発展が表裏一体であることを指摘し、本作のアメリカ再建が建国の神話と結びついているのではないかと指摘する。それはそのとおりで、ゴードンはいわば、リンゴの種の代わりに、「文明の再建」という希望の種を蒔いていくジョニー・アップルシードのようなキャラクターなのだ。

本作の趣向でおもしろいのは、ウソが大きな役割を果たすところだ。

物語の重要な舞台となるコーヴァリスという北部の町では、サイクロプスというスーパーコンピュータが生きており、サイクロプスの〝託宣〟が付近のコミュニティの要になっていた。しかし実際にはサイクロプスは既に壊れており、関係者が動いているかのように偽っていたのだ。ゴードンが、復興政府が立ち上がっていると語ったように、サイクロプスもまたウソが人々に希望を与えているのである。

終わってしまった世界を、新たに始めるにはウソという御言葉が必要なのだ。それが人々の心で本当になり、やがては世界を変えていく。

もう一つのポストアポカリプスの世界を旅する小説はブライアン・オールディスの『地球の長い午後』。

こちらは寿命が尽きかけ膨張した太陽のもと、自転が停止し地上が永遠の昼と夜に分かれてしまった地球が舞台。そこでは巨大に進化した樹木がすべてを覆い、月にまでその蔓を伸ばしていた。動物はほとんど死滅し、人類は食肉植物を恐れながら、少人数のグループで暮らしていた。

あるグループの問題児グレンは、そのグループから追放され、それまでの生活圏を離れ、地球の見たこともない地域を旅することになる。読者もまたグレンとともに、植物が支配する奇想に満ちたこの世界を旅するのだ。その旅の重要なパートナーとなるのが、グレンに寄生した知性を持ったキノコ、アミガサダケである。

こちらは「世界は終わったのではなく、変化しただけだ」という、ある意味とてもクールな姿勢が貫かれている作品だ。本作では「終わったこと」にはもはや何の意味も持たされていない。重要なのは「今、変わってしまったこの地球でどう生きていくか」ということだ。冒頭では置かれた環境の中で、しきたりにしたがって生きていている人間の姿が描かれる。ラストではグレンは、アミガサダケの誘いを断り、この不便で危険な地球を、自分たちの場所だとして選び取る。

それは環境の奴隷から脱して、改めて人間として生まれ直したということであり、本作が「行きて帰りし物語」の構造に忠実な作品であるということでもある。

ちなみにネットでも話題になっていたことだが、ブライアン・オールディスは「心地よい破滅」という言葉を作った人物でもあるという。これは現在は、ポスト・アポカリプスものの中の一傾向を指す言葉として定着しているようだが、もともとは、破滅する中で、主人公たちはそれなりに幸福な生活を過ごし、哲学者のように破滅を達観して受け入れている、という状況を揶揄した言葉のようだ。

『少女終末旅行』もこの傾向に含まれる作品だが、アニメ、漫画にはこの種のテイストの作品は少なからずある。OVA化されている『ヨコハマ買い出し紀行』(芦奈野ひとし)などはその嚆矢であり、ど真ん中の作品といえる。

こういう作品はどうして生まれたのか。一九七〇年代の「終末」は反映の後ろめたさが生んだ〝戒め〟で、一九八〇年代の「終末」は、ゴチャゴチャした現実を一掃してくれる派手な〝祭り〟だった。ただ、次第に一九九九年に「終末」が来ることのリアリティが薄れ、バブルも終わったことで、「終末」はついに日常になってしまったのではないか。

そういう観点で読むとネビル・シュートの『渚にて』は、「心地よい破滅」の条件に合致している作品だからこそ、「終わりの終わり」の日常を過ごしている人々の物語として今のアニメや漫画に通じるものとして読むことができる。

「終わりの始まり」は第三次世界大戦の勃発。北半球はそれにより壊滅し、オーストラリアにもその危機がじわじわと迫る。あらすじでは中盤の、アメリカ本土から届いた謎のモールス信号の理由を探りにいく展開がフィーチャーされるが（そこはそこで『優しく雨ぞ降りしきる』に通じる雰囲気があって興味深い）、『少女終末旅行』の気分で読むとしたら、むしろそのミッション後からの日常のほうがさらに印象深い。主な登場人物は、本国に妻子を残したアメリカ軍のタワーズ中佐と牧場主の娘モイラ、オーストラリア軍のホームズ少佐とその妻子。彼らがそこでどんな感情的交流を行い、どういう決断をして「終わりの終わり」を迎えるか。

こうしてみるとチトとユーリの「終わるまでは終わらないよ」という言葉は、「終わり」の中で生きていくための倫理のようにも感じられる。

価値観の相対性を描く

――『スター☆トゥインクルプリキュア』『最初の接触』『あなたの人生の物語』『太陽の簒奪者』

二〇二〇年一月に最終回を迎えた『スター☆トゥインクルプリキュア』（以下『スタプリ』）は挑戦的な作品だった。なにしろ五人登場するプリキュアのうち二人が宇宙人なのだ。「ファンタジー寄りの『プリキュア』に宇宙人を出す必要性が？」と疑問に思う向きもあるかもしれない。だが『スタプリ』はちゃんとそこに説得力があった。

『スタプリ』のモチーフは、タイトルの通り〝星〟。そこを入り口にして本作はまず〝未知の存在〟への憧れを描く。主人公・星奈ひかるは、星や星座が好きで、さらに父親の影響などもあってUMAやオカルトにも興味があるという設定だ。本作は「イマジネーション」がキーワードで、そこには、ひかるの中に宿るこの「未知のものに対する想像力」もまた含まれている。

「未知のものに対する想像力」は、科学する心の根っこにあるものだ。これが同じイマジネーションでも、ファンタジーにまつわる場合だったら、それは「本当は存在しないものを想像する力」という意味合いが濃くなる。だが本作で使われている「イマジネーション」はそういう意味ではない。現実にあるものの延長線上、その向こう側に広がっている未知について想像することがここでは「イマジネーション」として呼ばれている。それは極めてSF的な姿勢といっていい。

つまり『スタプリ』はSFなのだ。

その点でシリーズ開幕早々の第八話「宇宙へGO☆　ケンネル星はワンダフル！」は特に印象的だった。同話はひかるたちがはじめて星空界（地球から遠いところにある別の宇宙。ワープホールを使わないと地球との行き来はできない）を訪れ、ケンネル星に立ち寄るというエピソードだ。

ケンネル星は、骨の形をしていて、毛深い犬に似た姿の宇宙人が住んでいる。ひかるたちがこの星に降り立って驚いたのは、吠えた後に逆立ちをして名を名乗る、というケンネル星人の特有の挨拶だ。ひかる以外のプリキュアメンバーは、この意外な文化に一瞬戸惑ってしまうが、ひかるだけはこの挨拶を真似しようと一生懸命努力する（でも失敗してしまう様子がギャグタッチで描かれる）。

異星のコミュニケーション様式が、自分たちの文化と異なることに戸惑うこと。これはファースト・コンタクトSFの重要なポイントだ。

そして一旦はケンネル星人たちと打ち解けたひかるたちだったが、思わぬことでケンネル星人たちと対立をすることになる。

『スタプリ』に登場するプリキュアのミッションは、十二星座のプリンセスが姿を変えてしまったプリンセススターカラーペンを回収する、というもの。一方ケンネル星では、流れ着いたてんびん座のプリンセスのプリンセススターカラーペンを〝聖なる骨〟として崇めていたのだ。プリキュアたちがミッションを果たそうとすると、それはケンネル星人の文化への侵害になってしまう。

物語はほどよいところでうまい落としどころが見つかるが、このように『スタプリ』には地球やプリキュアの属する文化・文明を相対化する視線があるのだ。そしてそれを支えているのが、未知の存在も理解しようとするひかるのイマジネーションなのだ。

『スタプリ』には星空連合という星間組織や、超高性能なＡＩなども出てくるが、そうしたガジェットはあくまで設定に過ぎない。重要なのは、イマジネーションの使われ方なのである。

続く第一〇話「キラッキラ☆　惑星クマリンへようこそ！」でもひかるは、惑星クマリンのクマムシ型の住民について深い理解を示す。またひかるではなく、プリキュアメンバーの天宮えれなが中心になる第三四話「つながるキモチ☆　えれなとサボテン星人！」では逆に、地球を訪れたサボテン型宇宙人が、花屋で植物が売られているということに憤慨するシーンがでてくる。このサボテン型宇宙人が声を発しないタイプの宇宙人であることもあって、やはりファースト・コンタクトＳＦの趣が強いエピソードになっている。

なお「言葉を話さない宇宙人とのファース・トコンタクト」という主題は、『映画 スター☆トゥインクルプリキュア　星のうたに想いをこめて』でも描かれており、こちらも大変ドラマチックな作品だ。

『スタプリ』がこうした宇宙人たちを描く時に、それぞれの文化に対して、文明／未開、善／悪のような尺度を持ち込んでいないところも重要なポイントだ。

それはキュアミルキーに変身する羽衣ララの故郷、惑星サマーンの描写を見てもよくわかる。惑星サマーンは高度な科学文明を持ち、あらゆるものがマザーＡＩとそこにネットワークしているパーソナルＡＩによって管理をされている。サマーン人は効率重視で、仕事を選ぶことについてもＡＩによるサジェスチョンが優先で、食事もＡＩによって必要な栄養素を調合されたグミしか食べない。地球人からすると、ここまでＡＩに依存し、管理されている社会はディストピアにしか思えない。実際、ララはこの惑星サマーンでは劣等生で、帰郷したくなさそうな素振りも見せていた。

普通なら正義の味方によって「こんな管理社会はよくない」と一刀両断されてもおかしくない惑星サマーンだが、『スタプリ』ではそういう形で一つの文化の価値を裁定することはしない。あくまでそれもまたその星の独自な文化のあり方なのである。そして多様な文化の一つとして惑星サマーンを描いた上で、ララのプリキュアとしての活躍によって、サマーン人たちのマインドが変わりＡＩ頼みの社会が少し変化をした様子が最終回で描かれた。

文化のありかたを決めるのはその文化に属する人々たちであるべきで、外部の人間の〝善導〟によって決められるべきではない。そういう姿勢がきちんと貫かれている。

「未知のものを想像する」というイマジネーションは、自分の属する文化を含めたすべての文化を相対化して、価値判断を行わないということだ。それはそれぞれの文化の中に生きる人間を尊重するということでもある。こうして『スタプリ』は、「未知への想像力」というSF的な側面から始まり、そのイマジネーションは同時に「他者への想像力」であるという形に落着する。

ここで宇宙人だけでなく、今回のプリキュアチームの中に、メキシコ人の父を持つ天宮えれなという、褐色の肌のキャラクターを配した意味も見えてくる（褐色の肌のメインのプリキュアが登場するのは初）。

SF作家のケン・リュウは「サイエンスフィクションは未来を知る手がかりとしてはあまり役に立たないが、絶えず変化を続ける世界で人間らしくいるための手段としては過小評価されている」と書いたという。『スタプリ』の「イマジネーション」もまた最終的に「絶えず変化を続ける世界で人間らしくいるための手段」という意味を帯びているという点で、極めてSF的なキーワードだといえる。

『スタプリ』が描いた相対主義は、どこからやってきたのか。

『見知らぬものと出会う』（木村大治、東京大学出版会、二〇一八）によると一九四〇年代から、宇宙人との出会いの中に社会文化的なテーマを読み込むようなSFが書かれるようになったという。この背景には、近代的な人類学の発展があり、それにより相対主義が登場してきたことがある。宇宙人を描くための根拠として、生物学や化学などだけではなく人類学が加わったというわけだ。『スタプリ』が描いたことのルーツを求めるなら、そのあたりまで遡ることができそうだ。

なお、ファースト・コンタクトSFの原点は一九六〇年に発表されたマレイ・ラインスター『最初の接触』。ここでは未知の相手との接触が母星の危機を招くかもしれない、という恐怖を背景に、〝最良の選択〟を探る様子が描かれている。

さて、宇宙人を想像するためにさまざまな学問が動員されるというのは、フィクションだけでなく現実のサイエンスの世界でも同じようだ。二〇〇四年、アメリカ人類学会で行われたSETI（地球外知的生命体探査）に関するシンポジウムがあった。このシンポジウムをまとめた論文集には人類学者、考古学者、生物学者も寄稿しているという。それは、知的生物が誕生し、宇宙へメッセージを発するに至る可能性や過程を考察するには、そうした人類の歴史に対する知見が欠かせないというわけだ。

こうした時代の潮流を考えると、ファーストコンタクトSFの名作であるテッド・チャン『あなたの人生の物語』の主人公が言語学者であることも頷ける。

地球にヘプタポッドと呼ばれる宇宙人がやってくる。彼らの言葉を分析し、コミュニケーションをとるために呼ばれたのが言語学者ルイーズ・バンクスである。

ヘプタポッドの喋り言葉はヘプタポッドA、書き言葉はヘプタポッドBと呼ばれるが、物語の中でより重要な役割を担うのはヘプタポッドBだ。ヘプタポッドBによる文章は、地球人の文章のようにリニアに進行するのではなく、二次元的な広がりをもった形状をしている。ヘプタポッドBの読解が進んでいくと、ヘプタポッドたちが「一本目の線を書き始めるまえに、全体の文の構成を心得ている」としか考えられないことが明らかになっていく。つまりヘプタポッドBを学んだことで彼女にもたらされたものが並行して描かれ、タイトル通りの物語へと収斂していく。

本作はルイーズがヘプタポッドBを理解していく過程と、ヘプタポッドB（文章）を書く前に未来が既にわかっているのだ。

そうした小説としての企みは別として、ファースト・コンタクトものとしての側面に注目すると、ヘプタポッドとの交流は最終的になにももたらさない、というところが非常におもしろい。言語がある程度読解できたにも関わらず、人類とヘプタポッドは本質的な意味でのコミュニケーションは一切達成できない。彼らがなぜ訪れたのか、彼らが何故去ったのかはわからないまま物語は締めくくられる。

『見知らぬものと出会う』ではファースト・コンタクトを考察する中で、コミュニケーションはいかに可能になっているかという問題も検討している。そこで「未知のもの、想像できないものが確かに「ある」という確信、そしてそれを想像してみようという志向性こそが、いまここでの相互行為の枠を作り上げる原動力となっているのではないか」ということが提案されている。この一文に「想像してみようという志向性」が含まれている通り、『スタプリ』のキーワードである「イマジネーション」は、未知のものとコミュニケーションを成立させる上で不可欠なものでもあるのだ。そう思うと、この文章そのものをわかりやすく嚙み砕いて行動していたのがひかるだったと考えることもできる。

しかし、そのような相互行為の枠を作り合うことができなかったらどうなるか。ヘプタポッドは、それでも言葉を交わす程度には「枠」を作り得たが、その「枠」が維持されたのはわずかな間の出来事だった。

『見知らぬものと出会う』ではそれを踏まえてファースト・コンタクトSFに出てくる〝他者〟が三つに分類されていた。それが「友好系」「敵対系」、そして「わからん系」である。「友好系」「敵対系」はベクトルこそ正反対だが、「相互行為への志向性」を持っている。しかし「わからん系」は、この「相互行為への志向性」そのものがないという存在だ。同書では「わからん系」の典型例としてスタニスワフ・レムの『ソラリスの陽のもとに』で描かれた〝海〟を挙げている。〝海〟は有機的な活動をみせ、人の記憶から死者そっくりの存在を生み出す。だが、その意味はついに明らかにはならない。

『ソラリス』の〝海〟ほど極端ではないが、「わからん系」に分類できるであろう作品が『太陽の簒奪者』（野尻抱介、ハヤカワ文庫JA、二〇〇五）だ。

西暦二〇〇六年、水星から噴き上げられた鉱物資源により太陽をとりまく超巨大なリングが形成されはじめる。これにより太陽からの光が遮られ、破滅の危機にさらされる人類。やがてこれが、太陽系から接近する異星人の宇宙船らしきものと関係があるということがわかる。人類初の異星文明とのコンタクト。しかしリングを破壊してしまえば、異星文明とのコンタクトはおそらく不可能になる。最悪の場合は〝戦争〟になる可能性も考えられる。

長らく異星文明との接触を夢見てきた科学者・白石亜紀は、物語のクライマックスでついに異星の宇宙人に接触する。そこで描かれた異星人像は、拍子抜けするぐらい大胆で、ある意味残酷なものだった。ネタバレを避けていうなら、彼らは「相互行為への志向性」を持つ必要がない存在だったのだ。「相互行為への志向性」を想定していた人類と比べた時の、この絶望的な〝遠さ〟が、ヘプタポッドと同様に〝宇宙人〟というものの存在にある種の説得力を与えているのは間違いない。

『見知らぬものと出会う』では冒頭に山田正紀の「想像できないことを想像する」という言葉を置いて、全体のモチーフにしているが、人類と「相互行為への志向性」を共有できない宇宙人を想像することは、まさにこの「想像できないことを想像する」ことでもあるだろう。

それにしても、もし、ひかるが「わからん系」宇宙人と出会ってしまったらどうするだろうか。案外、「キラやば〜☆」といつもの口癖を発して自然に受け止めてしまうような気もする。

視点 II

それは誰が描いたものなのか

監督・演出をめぐって

アニメーションにおける「演出」とは

――『機動戦士ガンダム　逆襲のシャア』『機動戦士Zガンダム　星を継ぐ者』

ある大学で非常勤講師として半期一コマだけ授業を担当して数年になる。授業の主題は「アニメをいかに見て、いかに語るか」。前半は「自覚をもって映像を見ること」を意識してもらうことを目的に授業を行っている。

そこで扱う話題の一つが「〝演出〟とは何を指しているのか」。作品の感想を語り合っていて、なんとなく「演出がよかった／わるかった」などと口にしてしまうことも多いが、よく考えないままに口にしてしまいがちな「演出」という言葉について、授業を通じて、もうちょっと理解を深めてもらおうというわけだ。

今回「演出」をテーマに選んだのは、少し前に「アニメの演出」がネット上で話題になっていたからだ。そこから派生したいろいろな意見を見るにつけ、授業で行っている学生向けの説明をベースにして、一般のファン向けに、簡単に解説をまとめるのも意味があるのではないかと考えて、この原稿を書いている。

まずアニメの「演出」について話をしようとすると微妙に混乱が生じるのにはいくつかの理由がある。

第一に、「演出」という行為は、演出の実務を担う様々な役職の仕事範囲よりも広い範囲を指している、ということが挙げられる。

たとえば、演出という言葉をデジタル大辞泉で引くと二つの語釈が出てくる。一つは「演劇・映画・テレビなどで、台本をもとに、演技・装置・照明・音響などの表現に統一と調和を与える作業」。もう一つは「効果をねらって物事の運営・進行に工夫をめぐらすこと。〝結婚式の演出〟〝演出された首班交代劇〟」とある。

この語釈からもわかるとおり、二つめの意味合いで考えるなら、脚本の段階で既に「演出」というものが存在していることになる。

たとえば、緊張感を保つためにカットバック（二つの場面を切り替えながら見せていく語り方）を行わず、視点を片方のキャラクターにだけ固定して脚本で書かれていたとすれば、当然ながらこれは「演出効果を狙って脚本が書かれている」ということができる。さらにいうなら、脚本において、どのように出来事を並べていくかという語り方そのものに、自然と「演出」というものが入り込んでいるのである。

もちろんこれは「演出」の指す範囲を最大限に広くとった場合のことだ。こうした脚本上の演出は、普通は「構成」であったり、「語り口」といった言い回しで語られることが多い。しかし、そこにあるのもまた「演出」であるということは知っていたほうがいい。

第二にアニメの場合、演出に携わるポジションが複数あるということの影響も大きい。TVシリーズで考えるなら、「監督」を筆頭に、各話の「絵コンテ」と「演出」が挙げられる。さらに作品や制作会社によっては、「副監督」「助監督」「監督助手」「演出助手（演助）」といったクレジットがある場合もある。もちろんこれらは、ワークフローの中にその居場所がしっかり位置づけられてはいるが、それぞれの領域は重なり合う部分もあり、完成映像を見ても、誰が手を動かした結果として完成映像があるのかは、想像はついても特定は難しい。

こちらの場合、「監督」「絵コンテ」「演出」が担っている「演出」は、先述の一つめの語釈に出てきた「表現に統一と調和を与える作業」ということになる。

まず「監督」だが、監督の一番の仕事はディレクション（作品の方向付け）である。ある監督は「スタッフが目指すべき場所に旗印を立てる役割」とその役割を説明してくれた。語釈を踏まえて書くと「この作品における統一、調和とはどういう状態なのか」を決める役割という言い方もできる。

それは「どんな画調（ルック）を目指すのか」といったビジュアル面から始まり、「コメディタッチになった時、キャラの顔はどこまで崩していいか」といった作品の雰囲気を伝えるためのルール作りもあり、最終的には「何を描くのか」というテーマとそれを支えるエピソードの取捨選択まで含まれる。

ＴＶアニメの第一話を監督が絵コンテ（さらには演出まで）を手がけることが多いのは、こうした全体的な方向性を最初に示すことで、そのほかのスタッフはそれを参考に作業を進めることができるからだ。

一方、各話の「絵コンテ」は演出のどのような部分を担っているのか。絵コンテは、脚本をもとに、カットを割り、そこにどんな画面を提示するかが描かれたものだ。これによって作品の全体像を俯瞰できる完成予想図を示すという役割も担っている。

この時に重要なのは、どのような絵を繋げていくのかというコンティニュイティ（連続性）である。絵コンテのコンテとは、このコンティニュイティの頭三文字をとったものだ。朝日カルチャーセンター新宿教室で毎月「アニメを読む」という講座を行っているが、年に一回、京田知己監督を講師に招いて「絵コンテ講座」を行っている。これはプロ志望者向けというより、実際に絵コンテを描いてみることで、映像のリテラシーを高めていこうという趣旨で行っているものだ。

この絵コンテ講座で繰り返し指摘されているポイントは「前の画面からカットを割って次の画面を見せるとことそのものに視覚的刺激がある」「その刺激をどうコントロールすれば、画面に飽きずに、見せたいもの、伝えたいものをちゃんと見てもらえるか」ということだ。キャラクターの大きさ（背景との面積の比率）や、キャラクターの画面上の位置、移動する方向性といった視覚的刺激を使い分けながら、映像の流れ（コンティニュイティ）を作っていくのが絵コンテの役割なのである。

富野由悠季監督に、絵コンテチェックをどのようにするかを聞いた時も、一コマ一コマ追うのではなく、映像がちゃんと流れているかを、コンテ用紙をパッパとめくりながらまず確認するという返事だった。

こうした「流れ」は、キャラクターの移動方向に注目するとわかりやすい。たとえば『機動戦士ガンダム　逆襲のシャア』の冒頭では、敵側のネオ・ジオン軍は画面左から右に向かって攻撃し、主人公サイドの連邦軍は逆に右から左に向かってこれを迎え撃っている。また本作のヒロイン・クェスは地球から宇宙へ向かっていく過程は、一貫して右移動で描かれている。あるいは『アナと雪の女王』のエルサは、城から逃げ出す時に画面左方向に向かって走り出し、やがてクライマックスでは画面左から右側へと向かって戻ってくる。『アナと雪の女王』は左側へ去り、右側へ戻ってくるとい運動をベースに描かれているのである。

こうした絵コンテ・レベルで設計された演出のプランニングに基づいて具体的に画面づくりを行うのがアニメのクレジットに「演出」とクレジットされている役職である。「演出」の呼称だけだとわかりにくいため、その仕事を「演出処理」、略して「処理」とも呼ぶ場合もある。また担当者は「処理演出」とも呼ばれる。

具体的に画面づくりをするわけだから、その仕事は多岐にわたる。アニメーター、美術、色指定、撮影などさまざまなスタッフと打ち合わせ、成果物をチェック・修正指示を出し、監督によって示された作品の全体方向を意識した上で、映像を完成せていく。複雑な内容――たとえば背景動画を使わずに長回しのでキャラクターを追いかけるといったようなカット——になればなるほど、どういう素材がどのように必要かなど、演出にきっちりとした設計（プランニング）が求められることになる。

だから演出次第で画面の雰囲気は大きく変わる。たとえば劇場版『機動戦士Zガンダム　星を継ぐ者』では、後半に登場する空中戦のあるカットが、普通に一枚の背景をスライドさせるだけの予定だったという。それをスタジオ演出としてクレジットされていた松尾衡が、デジタル上で背景を幾枚かに切り分けて、それを順番に奥へ送るような処理に変えたという。これによってこのカットの存在感がぐっと増している。

以上、アニメにおける「演出」なるものはどんなものか簡単に整理してみた。

大事なのは、こうしたそれぞれのポジションで行われている「演出」は、他部署も含めて相互に影響しあい、融合しているということだ。だから映像を見ただけでは簡単に、どこの役職がどういう働きをしたのかは、容易には切り分けられない。もちろん経験則から想像することはできるけれど、それは想像の範囲だ。視聴者は映像として表現された演出効果を体験することはできるが、それを作り手の固有名詞に還元していくのは原則として非常に難しい。それは、取材をしない限りわからないし、取材をしてもわからないこともある。だからこそ「演出」と関係者の名前を単純に結びつけてしまうことの難しさもある。

アニメには集団制作だからこそ起こる化学反応があり、それは各現場、関係者の顔ぶれ次第でいかようにも変化する。指定された部品を用意してアッセンブルするとか、あるテーゼをブレイクダウンしていって細部を形作るといった一方通行の関係ではなく、もっと混沌とした影響関係の中で作品は形作られている。「演出」という言葉は、それらを横断して存在しているのである。

岡田磨里、アニメーション監督は誰でもできるのか

──『さよならの朝に約束の花をかざろう』『true tears』『風を見た少年』

『さよならの朝に約束の花をかざろう』は脚本家の岡田磨里の初監督作だ。『さよならの朝に約束の花をかざろう』は、滅びゆく長命種の一族イオルフに生まれた少女マキアが、里を出て人間の子供を育てることになる物語。さりげない日々の出来事と歴史のうねり、滅びゆく種族の物語が重ねて描かれている。

過去にも脚本家で監督を手掛けた人はいる。たとえば実写だと倉本聰、ジェームス三木、君塚良一、西田征史といった名前が挙がる。また、アニメ業界でも、決して人数は多くないが、山口宏、藤咲淳一などが監督を手がけている。

それぞれの脚本家には監督になったそれぞれの理由があるだろう。ここでは岡田が監督を手掛けたということを通じて、アニメーション監督という仕事を改めて考えてみたい。

岡田に初めて取材をしたのは二〇〇八年。アニメ雑誌『Newtype』で脚本家特集を担当した時の

ことだ。こちらに依頼があった時点で、取材する脚本家三人は決まっていた。その中の一人が岡田だった（残り二人は倉田英之と中島かずき）。

依頼を受け、編集者と打ち合わせをして思ったのは、ただ三人に漫然とインタビューをしてもこの企画はおもしろくならないということだった。話題作を手がけている三人ではあるがそれだけでは特集に〝芯〟がない。そこでこちらから、インタビューイそれぞれに合わせて明確な切り口を用意し、それぞれの角度から脚本家という仕事が浮かび上がるようにしたらどうかと提案した。

そこで三人のフィルモグラフィーを踏まえつつ、倉田は「原作もの／オリジナル企画の脚本の違い」、中島は「台詞術」、そして岡田には「監督（演出家）との距離感」について聞く、というプランを立てた。

この時、岡田に「演出家との関係」を取材しようと考えたのは、同年一月から放送された『true tears』のインパクトが大きかったからだ。

『true tears』は、『さよならの朝に約束の花をかざろう』を制作したP.A.WORKSの初元請け作品であり、同社のいわば原点ともいえる作品である。岡田はシリーズ構成を担当し、監督は『シムーン』などで岡田と仕事をしたことがある西村純二だった。

同作は富山県が舞台で、高校生の仲上眞一郎を中心に、石動乃絵、湯浅比呂美、安藤愛子という三人のヒロインが登場する青春群像である。

同作は、繊細な心情描写やインパクトのある台詞などまず脚本の存在感を強く意識させる作品だった。それはたとえば、第一話で自分は泣けないと説明する乃絵の「涙、あげちゃったから」という台詞などから感じられた要素だ。だが同時に、映像の語り口についてはかなり監督の主導のように見受けられた。こちらについては第五話の「ひとつのシーンを視点人物を切り替えて連続して見せる」といった表現がその代表といえる。

脚本と演出がどのような綱引きをしたらこのような作品になるのか。そんな疑問を念頭におきつつ、『true tears』を含めた複数の作品において監督とどのような関係で仕事をしたのかを、岡田にインタビューしたのだ。

そこで岡田は次のように語っている。

脚本家と演出家の間にある距離感については岡田自身悩んだこともあるという。

「自分の頭の中にあるイメージをそのまま具現化したくて、演出の勉強をしたいと西村監督に相談したこともあったんですよ。でもその後、いろんな作品を通じて、演出さんやアニメーターさんと話をする機会も増える中で、共同作業の中の脚本家というのは、どういうものか自分の中でふに落ちてきたんです」

岡田が、アニメ業界での師匠と呼ぶのは『マクロス7』『アイドル伝説えり子』などで有名なアミノテツロ監督。アミノ監督からはかつて「脚本は白地図なんだから、そこで全部を書こうと思うな。お前が重要だと思うところは捨てろ。そこは共同作業に向いていない」といわれたことがあるという。

「かつては思い込みが激しくて、自分個人の考えに振り回されていたんですね。でもそれ以来、本読みで直しが出ても、自分が執着しているところほど受け入れるようにしました。思い込みと思い入れは違うことに気づいたんです。それで数年経ってアミノ監督に会ってそのことを話したら「そろそろ、お前の好きに書いていいんじゃない」と言ってもらえたんです」

そのうえで岡田はアニメにおける脚本の役割をこう話す。

「誰も知らない土地に向かって第一歩を踏み出す役割ですね。最初の段階では、企画はあっても具体的なものは何もないわけで、期待にせよ、不安にせよ、監督や制作現場にある気持を背負った上で、まず足跡をつけるのが脚本なんだろうと。完成のフィルムを見て、脚本が変更されている場合もありますけれど、自分が納得して上げた脚本だと、その変更から「思いを受けとめてもらえた」というのが伝わってくる。自分が自信を持って書いた脚本でないと、演出家を刺激することはできないんじゃないのかな、と。そうやって意見が出てきて、自分ひとりでいけない場所へ行けるのが共同作業の魅力なんです」(『Newtype』二〇〇八年六月号)

岡田が監督となった現在、「頭の中にあるイメージをそのまま具現化したい時期があった」という発言は非常に合点がいく。

『さよならの朝に約束の花をかざろう』のパンフレットでスタッフの取材を担当したが、関係者から岡田は以前から周囲の何人かに「監督できるよ」といわれていたという話が出てきた。それはこの「頭のなかにイメージがある」ということを踏まえての発言だったのだろう。

とはいえここで大事なのは、岡田がそういうイメージへの執着をやめて、共同作業の一員であることを意識するようになったという点だ。ともすれば直結されがちな「イメージへの執着」と「監督への挑戦」だが、岡田の歩みを追うと、そこは決して直線的には結ばれてはいないのだ。むしろ、この「共同作業の一員」という認識を経たからこそ、監督を務めることができるようになったと考えたほうがよいのではないだろうか。

監督と作品制作の中でいかなる役割を果たしているのか。神山健治監督と庵野秀明監督の対談を見てみよう。

――最後にお二人にうかがいたいんですが、アニメの監督になるための条件を教えてください。

庵野　条件は特にはないです。監督は誰でもできますよ。特にアニメの監督は、本当に誰でもできます。いつも言ってるんですけど、「ＯＫ」と「もう1回」、この二つの言葉さえ知っていれば大丈夫です（笑）。あと、僕はほかのスタッフに任せますが、実写の場合は「用意、スタート」の掛け声ですね。その代わり、作品内容の責任を一人で負うことになります。映像作品に対して〝人格〟が存在するのって監督と脚本だけなんですよ。だから脚本家と監督は映画の批評や感想で個人として褒められたり攻撃されたりしますよね。

神山　責任の所在にはされますよね。

庵野　その人が責任を取ることと裏表で、その人が作品において〝人格〟を持てるんです。ね。監督のディレクションと、脚本に書いてあるものを表現するポジションの役者は、作品における〝人格〟を持ってはいませんから。他のスタッフもそこは同じです。

——そこはアニメも同じである、と。

庵野　アニメの監督は、極端に制作過程を端折るとしゃべる必要すらないですから。カット袋にOKのチェックマークをピッと入れるだけでいいんですよ。もちろん宮さん（引用者注——宮崎駿）みたいにすべてを自分で描こうとする人もいますけど、一方でカット袋の中身を見ないですべての作業をほかのスタッフにお任せ、というか丸投げする監督もいますから。制作から見ればそのほうが現場が滞らなくって喜びます（笑）。ただ監督って、一人で制作する場合を除くと、自己申告ではなれないんですよ。ほかの人が、この人は監督だと認識しないと、監督にはなれないですね。

神山　そうですね。免許もなければ、試験もないけれど、それはないとだめですね。さっきの話で言うと、「ＯＫ」か「もう1回」かをその人に聞きに来る人がいるから監督だということですね。確かに、誰かがその人に作品を撮らせようとしなければ、その人は監督になれませんからね。（『映画は撮ったことがない　ディレクターズ・カット版』神山健治、講談社、二〇一七）

庵野の発言は若干皮肉めいた言い回しにも聞こえるが、実写であれアニメであれ監督の役割は、「ＯＫ」か「もう1回」（リテイク）のジャッジをすることだというのがその本質だ。ただしその人物がジャッジをするポジションに立てるのは、スタッフや関係者が、その人をそう認識していないと無理だということだ。

そもそもアニメには大雑把に「絵を描く監督」と「そうでない監督」という二分法がある。たとえば宮崎駿は「絵を描く監督」だが、高畑勲は「そうではない監督」だ。どうしてこの二分法が成立するかというと、これが「ＯＫ」と「リテイク」のジャッジと結びついているからだ。

個人制作でない限り、監督は他人に作業を委ねざるをえない。その場合、「表現したいことをいかに伝えるか」と「成果物がイメージと違った場合、どうするか」という二つの関門が存在することになる。

「絵を描ける監督」の場合、そこでダイレクトに絵をつかってコミュニケーションをとることができる。ある意味、自分で〝正解〟を描けてしまうのだ。特にリテイクとなった場合は、自分で〝イメージ通りに〟描きなおしてしまうこともできるのは大きい。もちろんこれは監督の中の〝正解〟以上のものにはならない、という欠点もあるが、手っ取り早くはある。

一方、「そうでない監督」は、リテイクを出した時にどういう方法でそれを「ＯＫ」にまで持ち込めばいいのか。そこで、その監督の「表現したいことをいかに伝えるか」、端的に言い換えれば「いかに絵を描いてもらうかの技術」と「ジャッジの基準（＝どこまでだったらＯＫといえるか）」が厳しく問われることになる。

逆にいうと、あらゆる監督はそここそを監督の条件として問われており、「絵を描ける監督」はそれに対する解法として自分の絵を使っている、と考えることができる。

「絵が描けない監督」がアニメを監督をするという例の一つに、過去、実写監督がアニメーション映画の監督を務めた事例があげられる。ＴＶを再編集した映画をのぞいても、恩地日出夫監督の『地球へ…』、伊藤俊也監督の『ルパン三世　くたばれ！ノストラダムス』、大森一樹監督の『風を見た少年』などの名前があげられる。

こうした場合、実写監督は主に脚本開発までのプリプロダクションと編集・音響のポストプロダクションにかかわり、映像制作の部分には深くタッチをしていないことが多い。そこに関しては、アニメーション監督やアニメーション演出というクレジットで、アニメ制作のプロフェッショナルが担当している。逆に実写監督は総監督とクレジットされることも多い。

実写監督はアニメーション監督と打ち合わせ、各スタッフはアニメーション監督とやりとりをしながら映像を作っていく。たとえば『風を見た少年』のアニメーション監督は、『さよならの朝に約束の花をかざろう』で副監督を務めている篠原俊哉である。

つまり、実写監督は作品の大方針を決めたという点で「監督」ではあるが、アニメ・スタッフの成果物に対してのジャッジという点については、多くをアニメーション監督に委ねているのである。

庵野の発言はこうしたさまざまな事例を踏まえた上でのものといえる。そして、こうして監督の仕事を俯瞰した上で、冒頭の岡田の発言に戻ると「自分の頭の中にあるイメージをそのまま具現化したい」というだけでは監督はできない、ということが見えてくるはずだ。

では『さよならの朝に約束の花をかざろう』では具体的にどういう体制で制作されただろうか。

まず、神山が「誰かがその人に作品を撮らせようとしなければ、その人は監督になれませんからね」と語っていた、その〝誰か〟は、プロデューサーでP.A.WORKSの社長の堀川憲司である。

そして、岡田は実写監督のような〝総監督〟としてではなく、発注のための打ち合わせも成果物のチェックも自ら手がけた。中でもキャラクターの微妙な感情表現については、総作画監督の石井百合子と細かくやりとりをしながら詰めていったという。シンプルな喜怒哀楽だけでは表現できない、複雑な表情はこうしたやりとりを経て画面に定着されたのである。

また、演出実務の経験が足りない部分については、副監督の篠原がフォローした。篠原は「なるべく自分の意見を交えずにいくつかの選択肢を提示して、岡田監督にジャッジしてもらうようにしました」（「さよ朝制作ブログ」掲載のインタビュー）と自らの役割を説明している。

ここで一つポイントになるのが絵コンテだ。絵コンテの担当者としては、岡田の名前もクレジットされているが、副監督の篠原のほか、平松禎史、安藤真裕、小林寛、塩谷直義、橘正紀といった監督クラスが名前を並べ、パートごとに絵コンテを執筆している。その中でも篠原、安藤、小林は岡田と組んで仕事をしたことのある監督である。

アニメーション映画で「絵コンテを監督が描くかどうか」は重要なポイントだ。絵コンテは具体的な映像の方向性を示すものだから、基本的に監督が描くものとされている。特にそれがTVシリーズに準拠しない映画であればなおさらである。

一方で、神山は監督がひとりで絵コンテを抱え込みすぎることの弊害を指摘している。

――神山監督は、監督がひとりで絵コンテを抱え込まない、というスタイルをいろいろ実験しています。やはり絵コンテの呪縛を感じますか。

神山　今回の『ひるね姫』は3人で絵コンテを描いています。アニメ映画の場合、複数で絵コンテを描くというと、パートごとに手分けしてそれぞれに描くのが普通だと思うんですが、そうではないやりかたをしました。今回はデジタルソフトで絵コンテを描いているからできることなんですが、ある程度でラフを描いてもらったら、それをムービーにして繋いでみるんです。それを見ながら、このシーンはやめてしまおう、とか、もっと長めのアクションが必要だ、と検討を加えていくんです。実写ほどたくさんの素材を並べてというわけにはいかないんですが、今回絵コンテに参加してくれた2人が幸い「自分の描いたカットは1カットたりとも削らないでほしい」というタイプではなかったので、それぞれの絵を素材として使いながら、映画１本をまとめていったという感じです。

――そういう絵コンテの作り方は珍しいですよね。

神山　アニメの絵コンテって多分、宮崎（駿）監督の『未来少年コナン』の絵コンテがあまりにも素晴らしかったんで、長らくあれが正解とされてしまったところがあると思うんです。それがアニメ誌の付録についていたために、みんなのお手本になってしまった（笑）。その結果、「１カットたりともコンテと完成画面を変えるな」とか「頭から描き送りで描かないと作品に神が宿らない」みたいな絵コンテ信仰が生まれたように思います。それが絵コンテを窮屈なものにしてしまったんじゃないかなと。（『映画は撮ったことがない　ディレクターズ・カット版』神山健治、講談社、二〇一七）

同じ対談の中で庵野も「絵コンテを自分で描いちゃうと、自分のイメージ以上のものにならない」と発言しており、最初はなるべく別の人に絵コンテを描いてもらうようにしていると語っている。このように絵コンテを他人に委ねることも（主流ではないが）珍しいことではない。過去にも杉井ギサブロー監督が映画『銀河鉄道の夜』で八人の演出家に絵コンテを発注したケースがある。『さよならの朝に約束の花をかざろう』の絵コンテの場合は、脚本を書いたのが岡田自身のためその段階でイメージをある程度押さえてあることと、絵コンテ担当の多くが岡田の脚本のポイントをわかっている演出家であったことが組み合わさることで、他人に委ねることができたと考えられる。

自分で絵を描かない監督が、自分のイメージを実現しようとしたら、むしろ他人のイメージの力を積極的に借りなくてはならない。その時に自分のイメージに執着しているだけでは、ひとの力を借りることはできない。ポイントは押さえつつ、どこかで相手に委ねる必要がでてくる。そこを見極めない限り、作品は形にならない。チェックする時も、目に見えないイメージの再現を求めても、相手は対処のしようがない。自分が表現したいことがクリアされているかをしっかり自覚し、そこを見極めることなしには、作品を前に導けない。その時には、自分の中の最高のイメージに縛られず、他人の発想を受け入れたほうがうまくいく場合もある。

つまり、いくらイメージを持っていたとしても、アニメーションが共同作業であるということを理解していないと監督はできないのである。その点で「イメージへの執着」から距離をとり「共同作業の中での脚本」というものを理解したからこそ、岡田は適切な距離感で監督に挑むことができたのではないか。

岡田はパンレフットのインタビューで、アニメーション制作における監督は「脚本」から「映像」への翻訳を行うポジションにおり、そこで何が起きているかを実感することができたと語っている。

『さよならの朝に約束の花をかざろう』はあらすじでエピソードだけ見ていくと、これといって目立つ出来事があるわけではない。にもかかわらず、心を震わせられることが多いのは、ひとえにキャラクターの心情が本人の手で〝翻訳〟されて映像されることで、非常に細やかに。そして多義的に表現されているからだ。これは岡田が監督だからこそ実現した部分だろう。

そしてそれは岡田が安心して脚本やイメージを委ねられるようなスタッフを揃えた、堀川の仕事の成果でもある。これもまた作品作りにおける「共同作業」の一つであろう。

「社会派」としての幾原邦彦
——『輪るピングドラム』『ベルサイユのばら』『少女革命ウテナ』『ユリ熊嵐』

クリエイターが自作以外の作品を語る、という行為はおもしろい。同時代の同業者の作品について語るのもスリリングだが、むしろ、ジャンルも時代も異なる作品を語るほうがより味わいは深い。クリエイターとは「自分の道」しか歩けないものだ。むしろ「自分の道」を選びつつ歩んでいるからこそクリエイターといえる。だから、同時代の同業者の作品について語るということは時に「自分の道は間違っていない」という方向性に傾く。

これがジャンルも時代も異なる作品になると、もうちょっと語りが自由になる。そこでは「そのクリエイターが世界をどのように見ているか」が浮かび上がってくる。他作品を通じて見えてくる「世界の見方」は、クリエイターがさまざまな作品（ニュースなども含め）をどのようにインプットしているか、ということで、これは結果的に、クリエイターやその作品が何で構成されているかを知ることに繋がる。ある作品が鏡となって、クリエイターやその作品のあり方が浮かび上がるところが〝味わい深い〟のだ。

二〇一六年四月から二〇一七年二月にかけて、朝日カルチャーセンター新宿教室で、三回にわたって幾原邦彦監督に講師をお願いした。幾原は、一九八六年に東映動画（現・東映アニメーション）に第二期研修生として入社し、『美少女戦士セーラームーンR』（一九九四）でシリーズディレクターを務めた。その後フリーとなって『少女革命ウテナ』（一九九七）、『輪るピングドラム』（二〇一一）などを手掛けている。演劇的とも評される、象徴的で暗喩を込めた演出スタイルで知られている。演題は「僕はこんな作品を見てきた。」。映画や小説、舞台など、幾原がどんなカルチャーに触れてきたかをご本人の口から語ってもらおう、という趣旨の企画で、僕と上智大講師の上田麻由子さんの二人で聞き役を務めた。

本稿ではこの講座の第一回「万博から世紀末まで　僕はこんな作品を見てきた。」で幾原が語ったことの一部を紹介しながら、幾原のものの見方の一端を考察してみたい。

と、書いておきながら時間はさらに巻き戻る。僕が幾原に話を聞いたのはこの講座が初めてではない。

最初にインタビューしたのは、二〇一一年末のこと。関東で『輪るピングドラム』の放送が終了したのが一二月二二日。そのタイミングに合わせてアニメ雑誌『Newtype』が取材のオファーをしており、一二月二九日に取材ができることになったのだ。

この時のインタビューは当然ながら『輪るピングドラム』という作品をめぐって行われた。けれどもそこで出てきた話は、後の「僕はこんな作品を見てきた。」の中でも切り口を変えて登場してくるものだった。そこに、幾原の中に確固たる〝視点〟があることが感じられる。

――「ピングドラム」にはうかがってみたいことがいくつかあるので順番に聞いていきたいと思います。まず、特に前半に「95」という数字が象徴的に登場します。あれは「1995年」ということですよね？

幾原　今の世の中を見ると、負のエネルギーのようなものが若い世代に塵のように積もっている、ように若干見えるんです。その原因を探っていくと、'95年のさまざまな現象について、このジャンルがまるで語ろうとしなかったことに愕然としたというか……。歴史を俯瞰で見ると、'95年の前にも大きなエネルギーが噴き出した時期があったよね。学生運動が高まってやがて破産していく50年代末から'70年前後のあの流れですね。あれは当時の団塊の世代にすごく影を落としている。団塊世代にとっては未だにタブーだね。多分、罪を共有しているという後ろめたさが口を重くしてるんだと思う。同じように'95年のできごとに関しては、僕たちの世代はほとんど語る言葉を持たない。いや、持てない、語れない、語り口をまだ見つけることができない。明らかに罪を共有しているからだ、無自覚に。だって僕たちは未だに「超能力」や「未来のロボット」の話が大好きなんだよ？　その感性は毒だね。その毒に、ほんの少しだけ近づいてみたかった。例え誰かが傷つくとしても。

——'95年を総括したかった？

幾原　いや、それはちょっと違う。'95年の総括に限定してしまうと、僕らの世代だけに限定した作品になってしまうので、そういうことではないです。やりたいことは総括そのものではないので。（『Newtype』二〇一二年三月号、KADOKAWA）

ここで幾原が語ったことは「万博から世紀末まで　僕はこんな作品を見てきた。」でも別の言い回しで語られることになった。では、それはどういう文脈で行われたのか。順番に見ていこう。

実は第一回の時点では、この講座は単発の予定だった。そのため第一回では幾原が子供だった六〇年代から、東映アニメーションで働き始めたばかりの九〇年代初頭までの体験を一気に聞いた。子供時代の『ウルトラマン』や大阪万博の記憶からはじまり、『ジョーズ』で受けたハリウッド映画の洗礼。学生時代に見た映画や読んだ小説・漫画についての受け止め方など。

そこで幾原は、大きな影響を受けたという寺山修司との出会いをこう語っている。

「観たのは八〇年代前半です。すごく衝撃的でした。まず、世間の流れとまったく違っていた。世の中はもう空前の消費社会という感じだったんですが、その中で、七〇年代の運動の時代をライブラリとして観るっていう感じで触れました。いまと違ってビデオとかネット映像がないので、『ぴあ』とか関西なら『プレイガイドジャーナル』とかの情報誌を見て、名画座で再公開されるとか、映画祭でかかるとかの情報を頼りに観に行って。だから一本一本の体験がすごく重大だったんです。」

「（『田園に死す』は）どこかの大学の学園祭の映研かなんかの上映で観ました。その時は「ついに観た！」って感じ（笑）。高校生だったけど、はるばる知らない大学行って、広い構内で、寒いなかようやくたどり着いて。それでお客は教室の半分ぐらいいたかな、でも高校生はひとりで。「俺と同じ世代の奴は誰も観てないに違いない、この俺のインテリ加減すごいな」みたいに自惚れて（笑）。寺山さんの映画は、今にして思うとわかりやすかったんですね。ほかの〝運動〟の時代の人の映画は結構退屈なんですよ。寺山さんのはケレン味があるのでおもしろかったですし、テーマも全部口に出してるんでわかりやすいなって」

寺山修司に最初に惹かれたポイントを振り返って「わかりやすかったから」と回想しているのもおもしろいが、注目は、ここででてくる〝運動〟というキーワードだ。

〝運動〟という言葉は第三回まで繰り返し登場する、幾原の「ものの見方」を表す言葉だ。文脈からもわかる通り、〝運動〟とは直接的には、六〇年安保、七〇年安保をめぐる学生運動の盛り上がりを指している。だが、幾原の使い方は、もうちょっと広い。

〝運動〟は「事象」についての呼び名というよりも、その頃の時代精神を表す言葉として使われている。だから、学生運動の経験の有無とか、そこに批判的であったかなどは大きな問題ではない。

世界を可塑的なものと考え、変えようとしていた時代の〝空気〟を吸っていたかどうかがポイントなのだ。

だから『ベルサイユのばら』もこのように読み解かれる。

「僕の個人的な印象ですが、たとえば少女マンガで言うと、『ベルサイユのばら』の池田理代子さん。池田さんは六〇年代後半におそらく学生で、〝運動〟の世代の人なんですね。運動の渦中にいたかどうかはともかく、すごく身近に見てたはずで、だからそれをマンガのなかで決着つけようとしてるのかな、運動の挫折を私はどう感じたかっていうのをマンガで表現しようとしてるのかなって僕は思うんです。女の人が男装して男の社会に入って革命運動をやって途中で死んでしまう、という物語ですけど、実は現実の体験をフィクションとして、メタファーとして表現した作品なのではないかと解釈して、すごくおもしろいと思っていました」

池田理代子は昭和二二年生まれで、ずばり団塊の世代である。〝運動〟の時代が終わった後に、〝運動〟を創作の中でいかに昇華するか。そこが幾原の関心——さらにいうなら、カルチャーの変遷を読み解く鍵——になっている。

「寺山さんの映像なり演劇なり映画なりは、今にして思うと、ちょっと〝運動〟とズレてて、最初から「自分探しの話」みたいなのが多かったんです。だから寺山さんは当時、浮いてただろうし、〝運動〟の時代が終わっても、あんまり変わってないんですよ。むしろもっとアートっぽく、文化人っぽくなっていった。この「自分探し」の流れっていうのが、長谷川和彦監督の『太陽を盗んだ男』のような作品に繫がる。そしてそんな〝運動〟の時代を過ごした人たちの最たるものがおそらく、村上春樹さんじゃないかなと思うんですよ」

「（幾原監督が最初に読んだ）『世界の終わりとハードボイルド・ワンダーランド』って、〝運動〟の時代が終わった後に、運動の熱にあれほど浮かされていて、何かをしようとしていた自分たちは一体どうなってしまったんだろうっていう感性で書かれてると思うんです。「あれほど社会を本気で変革しようとしていたのは単なる夢だったというのか。あれが夢でないとしたら、今の自分のほうが夢なんじゃないのか？」という。そういう二つの世界を描いている作品だと、個人的には感じられるんです。そうやって「どっちが夢なんだ」ということで、行ったり来たりするのが、村上さんの作家としての真骨頂だと思います」

〝運動〟が終わった後に何を語るべきか。その問題意識が幾原の中で非常に大きな意味があるのだ。だからそのような問いかけは、次のような形で自分に引きつけられることになる。

「僕の世代にとっては、〝運動〟の時代は過去の歴史でしかないのだけれど、むしろ九五年の事件のほうが自分たちの世代が行ったことという意識がすごく強いです。つまり『日本沈没』とか『ノストラダムスの大予言』、ユリ・ゲラー、『宇宙戦艦ヤマト』などを見てた僕の世代の人たちが、九九年にカタストロフィーが起きることを信じていて、政治運動に代わるまったく別の熱――サブカルチャーみたいな言葉で若い人の遊びみたいに言われていたその熱――が、実は世界変革をしたいというドグマを持っていて、しかもすごく暗いかたちで世の中に出てしまった。それは僕の世代にとっては、すごく後ろめたいことだったんですよ。サブカルとかもてはやし、アニメだの漫画を好きなことはピュアである証だと思っていた。その大事なアイコンが汚れてしまったような感覚。だから、メディアの人(フィクションの作り手)たちは一切、その部分を語ってこなかったのではないか」

〝運動〟とは時代精神と書いた。そういう意味で、一九九五年の地下鉄サリン事件に代表されるオウム真理教が起こした犯罪も一種の〝運動〟であり、それを生んだカルチャーに親しんでいた〝自分〟もその〝運動〟とは無縁ではいられない。前半で引用した『輪るピングドラム』についてのインタビューもまさにそのことを語っている。〝運動〟とはそのように幾原のものの見方の中心に位置するものなのだ。「僕はこんな作品を見てきた。」はそれを本人の語りの中で体感できたという点でとても貴重な企画になったと(手前味噌ではあるが)思う。

政治における〝運動〟があり、その終焉が投影されたカルチャーが生まれ、そのカルチャーが種となって歪んだ別種の〝運動〟を生むことになる連鎖。幾原はこうしたダイナミズムとして過去の歴史を受け止めており、そこについてきわめて自覚的だ。

その明確な自意識は『輪るピングドラム』だけでなく、『少女革命ウテナ』『ユリ熊嵐』にも見てとれる。幾原の作品が、様式的なビジュアルでありながら生っぽいのは、作品の背景に〝運動〟というキーワードを通じて社会との関係が織り込まれているからだ。その点で幾原は〝社会派〟なのだ。

今 敏の明晰な自意識

――『千年女優』『東京ゴッドファーザーズ』『パプリカ』『PERFECT BLUE』

今 敏監督は一九八四年、漫画家としてデビュー。その後、アニメ業界と接点ができ、一九九七年に映画『PERFECT BLUE』で監督デビューを果たした。四六歳で早逝するまで、四つの映画と一つのTVシリーズなどを監督した。

今 敏の作品はとても明快だ。

精緻かつ想像力に溢れたビジュアルから「虚実を往還する映像のインパクト」を中心に語られることも多いけれど、その語り口はとてもオーソドックスでシンプル。伝えたいことをちゃんと伝わるように。そして含みをもたせたいところははっきりと意味ありげに。作品をみていて「コレ、どっちなんだろう」と迷わされることはない。

自分が行っている大学の授業では、必ず今 敏の『千年女優』を見せているが、これもその明快さが大きな理由だ。〝読み方〟さえわかっていれば、楷書で綴られた散文のように、ちゃんと〝読む〟ことができる。こんなに教材にふさわしい作品はない。なにしろあれだけの情報量がありながら、映画作品はみな九〇分前後で収まっているのである。そんなことは監督自身が「自分が何をやっているか」という自覚がなければ難しい。今敏作品の明快さはつまり、そういう自意識の明晰さでもある。

今敏は影響を受けた監督、映画について次のように回答している。この回答から、明晰な自意識がよく伝わってくる。引用するのは公式サイトに掲載されている、オーストラリアのメディアからのメールインタビューへの回答だ。

日本の映画監督、特に黒澤明監督には多くのことを学んだと思いますが、私が自分なりの映画の文法を身に付ける上で、多く参考にしたのは海外、とりわけアメリカ映画です。ある種、明解すぎるほどのアメリカ映画の文法を参考にしてきたにもかかわらず、私の描く映画世界は現実と夢の混交や時間の曖昧さといった、実は非常にアジア的なものになっているのが自分でも面白いと思います。

今敏は、自分のやっていることを、こんなに端的に説明してしまっている。手品師が、ちょっとした手品の種をこともなげに明かしてしまうように。でも、明晰な自意識というのはこういうものなのだ。明晰だからこそ、簡単に言葉にできてしまう。一方で、イタリアからの別のメールインタビューでは、過去の自分が個人的に感じた価値観の転換について、あまり細かく語ることをしておらず、自分の人生や内面と作品が、シンプルな作家主義の名のもとに直結されようとするのを、やんわりと拒絶している。これもまた、明晰な自意識があればこそのコントロールといえる。

今 敏の作品作りに関するこの自意識は、アニメ制作の過程において具体的にどのような形で見ることができるのか。ここではそれを「映画に対する姿勢」「制作工程への意識」「細部へのこだわり」という三つのポイントに絞って、今 敏の言葉を引用しつつ確認していきたいと思う。

まず「映画に対する姿勢」。

今 敏は「映画とは物語を語ることだ」という姿勢を明確に打ち出している。「明解すぎるほどのアメリカ映画の文法を参考にし」たという言葉の中には、おそらく三幕構成を意識した作劇方法を採用したということも含まれているだろう。三幕構成は、脚本家シド・フィールドが映画の脚本の基礎として一九七九年に理論化したスタイルで、観客の関心を保ちながらストーリーを語るための基本的な手法として知られている。今 敏の映画を、時間を測りながら見ると、ちゃんと三幕構成のしかるべきポイントに、物語の転換点が置かれている。

また「物語ること」への意識は、次のような発言からもうかがえる。イメージボードを描いたりするのか、と質問された時、今 敏は次のように答えている。イメージボードとはストーリーが固まる前に、その作品世界をビジュアルから掴んでいくために描かれる絵のことである。

「そういうの嫌いなんですよ。はっきり無駄と思っています。もちろん、そういう作り方に慣れている方がご自身の方法論としてやるのは別に構わないし、何か言うべきことではありません。でも私の作品には邪魔だと思っています。先に絵を考えると、絵に振り回されてしまうんですよ。そこにたどりつこうとしますからね。私は物語から出てくる絵を、一番いい形でコンテで作りたいという考え方ですから。

実際、イメージボードを描いてうまくいったケースって見たことがないんです。これは極めて私見ですが……作ってる気になっちゃうからダメだと思うんです。なにかしらクリエイティブなことをしている気はするのに、〝本編の役に立たない意味のないもの〟というのが、私がイメージボードを毛嫌いする理由ですね。その時間があるんだったら、コンテを描けばいいんですよ」

「きっとみんな「絵を描きたい」という欲求があるからでしょうね。放っておいても絵の出てくる人間が、そんなことをしたら絵の比重が大きくなりすぎてしまう。絵に振り回されて話のほうが壊れて来るというのが、だいたい今まで見てきたパターンです。もちろん、いい面もあると思いますよ。イメージが膨らむとかね。私はふくらませる必要はないので」(『今敏絵コンテ集　東京ゴッドファーザーズ』のインタビューより、復刊ドットコム、二〇一八)

絵に振り回されて、物語を壊されたくない。語るべきストーリーがまずあり、それを語るために絵を用いるという発想が今 敏の大前提なのである。

この今 敏の姿勢は、黒沢清監督の次のような原稿を思い出させもする。

よく「映画は物語ではない」と主張する輩がいるが、これは間違っている。それが、とってもヘンな物語の場合もあるし、よくわからない物語の場合もあるが、物語のない映画は存在しない。

（略）

例えばこういうことだ。とっても悲しい物語があったとする。それを実にうまく語ったとしよう。そうしたら間違いなくそれは悲しいわけで、観客は皆等しく涙するであろう。これは当たり前といえば当たり前の基本だ。

忠実にこれを実行するだけで、アメリカ映画は弛まぬ繁栄を続けているのだし、才能豊かな人はこの基本をさらに越えて、悲しいはずの物語を爽快に語ったり、喜劇として撮ったりすることができる。（「物語を紡ぐことこそ映画だと、そこんとこわかっているのか、みんな」『映像のカリスマ増補改訂版』所収、黒沢清、エクスナレッジ、二〇〇六）

黒沢がここで記す「物語をちゃんと語るということを忠実に実行する（そして繁栄している）」というアメリカ映画とは、今 敏のいう「明解すぎるほどの文法」を持つアメリカ映画としっかり重なっている。そして黒沢の言い回しを踏まえるなら、才能豊かな今 敏は、明快な文法というその基本を踏まえた上で、アジア的な曖昧さを表現していた、ということができる。

ちなみに今 敏がどのように映画の原案を練っていくかについては、『KON'S TONE 「千年女優」への道』（今 敏、晶文社、二〇〇二）に収録された「遥かなる千年の呼び声」に詳しい。ここでは『千年女優』の最初のプロットがまとまり、それを脚本家の村井さだゆきに渡すまでが書かれているが、その思考の過程を見ても、まず「語るべき物語ありき」の監督であることがはっきりとわかる。

次は「制作工程への意識」だ。

アニメーションとは偶然性が存在せず、画面に映るすべては、人間の手で描かれたものだ。そして予算やスケジュールといった制作リソースに限りがある以上、それをどこにどう使うかは重要な問題だ。そこまで見通しながら、作品のクオリティコントロールを行うのが監督の仕事でもある。それは端的にいうと「この工程で何をフィックスすべきなのか」ということにどれだけ自覚的でいられるか、ということでもある。

今 敏のこの「制作工程への意識」は、絵コンテへの取り組みに明確に現れている。今 敏は、「脚本から絵コンテへ」という過程においては「映像が流れるようにカットを構成すること」が第一という意識を持っていた。一方、「絵コンテから作画へ」という過程においては「レイアウト・設定等に関する省力化」を念頭において作業をしていた。

そもそも絵コンテは、脚本をもとに、カット割りを決め、各カットでそこで登場人物がどのような演技をするのかなどを、絵を入れながら描いていくものである。この絵コンテをもとにアニメーターがレイアウト・原画を描き、この絵コンテのト書きと台詞から、アフレコに使われるアフレコ台本が起こされる。脚本が映画作りの設計図なら、絵コンテはアニメーション制作の設計図なのである。

「脚本から絵コンテ」という前工程との関係について、今 敏は、脚本でいちばん大事なのは〝構成〟だと、発言している。

「シナリオの段階で絶対にやっておくきことは、構成だと思いますね。コンテ段階で、セリフなど確かにいろいろ変えるのですが、構成を変えることはありません。エピソードの順番がこうなっているから、全体の流れがこうなるということだけはシナリオで決め込んでおく。もしコンテでそこに手を入れ始めると、それはもう改稿になってしまいます」(『今 敏絵コンテ集 千年女優』のインタビューより、復刊ドットコム、二〇一八)

つまり前工程(脚本)で不完全だったことを後工程(絵コンテ)でなんとかしようとするな、ということである。それは各工程の境界線を曖昧にし、「その工程で何を決めるか」を不明瞭にしてしまうことだ。今 敏のコメントからは、そういう事態は絶対に避けなくてはならないという意志が感じられる。

そして次は脚本の中に編集点（カット替わりのポイント）を探す。

「シナリオにまずここが編集点、という線を引くんです。その段階で自分の流れに乗らない部分がはっきりしてきますから、そこを多少変更したりしながら、絵を描いてキャラクターに芝居をつけてみて、感情の流れなどを整理していくんです。ですから、シナリオ段階ですごく強い感情を持っていたセリフも、自分の流れから外れていると、感情の高まりを通り越した無表情な顔にするといった変更もありうる」

「シナリオ上でいい感じの編集点がない場合は、それを発生させるためにセリフを変えたり付け足したりということもします。内容ではなくて語尾を変えたり言葉の頭に呼びかけを入れたりね」（『今敏絵コンテ集　千年女優』のインタビューより、復刊ドットコム、二〇一八）

絵コンテのコンテはコンティニュイティが略されたものだ。つまり絵コンテは各カットの内容もさることながら、映像がひとつながりになって流れるように構成されている点が重要な意味を持つのである。アニメの場合、撮影後に編集で流れを決めていく実写と異なり、実際に作画に入る前にカットの流れを決めてしまうので、非常に重要な工程といえる。

脚本は文字で書かれ、映像は時間と空間を持っている。そしてその連続性はそれぞれ異なっている。その違いを意識しながら文字を、連続性を持った映像に置き換えていくわけである。

たとえば、会話のシーンだからといって、台詞が終わるごとにカメラを切り替えしているだけでは、カットとカットの間の連続性は弱いままだ。そういう時に、台詞をこぼして次のカットをオフ台詞（話者が画面に映っていない台詞）にすることなどで、対話をしている同士が同じ空間にいる感覚を強めることができる。そのためには時に台詞を変更することもある。こうした工夫を、ドラマの進行、キャラクターの関係性の変化と合わせながら、映像を演出していくわけである。

今 敏は、脚本と絵コンテとの関係においては、まず、このコンティニュイティを意識してカットを割り、その内容を決めていくことを第一に考えているのである。これは演出家としてはとても当たり前な姿勢だ。この基本に忠実に「語ること」を第一に考えている今 敏の姿勢が、完成した映画の明快さに直結しているのである。

では「絵コンテから作画」という次工程への橋渡しという観点から見た時、今 敏は絵コンテをどのように取り扱っていただろうか。

今 敏は『東京ゴッドファーザーズ』と『パプリカ』では、絵コンテが、レイアウト、美術設定、プロップデザインなどを兼ねることを想定していた。このようなスタイルをとる監督は今 敏だけだ。これは自身が卓越した画力の持ち主で、演出を行う以前は、美術設定やレイアウトといった役職で腕を奮ってきたという実績があればこそ可能になったことだ。

どうして絵コンテの段階でレイアウトを兼ねるようにするのか。このきっかけは初監督作『PERFECT BLUE』でレイアウトの修正が大量に発生したことにあった。同作で今 敏は、一〇〇〇カット弱のうちおよそ八〇〇カットのレイアウトを自らの手で修正したという。この作業があまりに負荷が大きかったため次回作『千年女優』では「拡大コピーしてレイアウトの参考になる」というレベルまで描きこまれるようになった。そして『東京ゴッドファーザーズ』と『パプリカ』では、レイアウトと兼用する前提で絵コンテが描かれるようになった。

「(『東京ゴッドファーザーズ』の) Aパートを描き始めた時、Photoshopで背景原図とキャラクターを分けて描いておけば、レイアウトになるという感じがしてきたんですね。後半に行くにしたがって、ほとんどレイアウトにしてしまうつもりで描いていました」(『今 敏絵コンテ集 東京ゴッドファーザーズ』のインタビューより、復刊ドットコム、二〇一八)

絵コンテ段階でレイアウトを決めてしまう理由を今 敏はこう語っている。

「決して多くない予算で作るためには制作期間を短縮する必要がある。そのためには絵コンテ段階で基本的な芝居内容はもちろん、レイアウト的な問題も整理しておかないとならない。もし、絵コンテはマルチョンで描けばいいと割り切って3ヶ月で終わらせて、美術設定は別に作り、具体的な構図や大まかな芝居は担当原画マンと打ち合わせして……とやっていたら。結果的に倍の制作期間が必要だと思います。もしくは同じ期間で半分の密度にしかならない画面

になるか」(『今 敏絵コンテ集 千年女優』のインタビューより、復刊ドットコム、二〇一八)

よいレイアウトを描ける人間は限られている。うまいアニメーターでも、作品の雰囲気に合ったレイアウトを描けるとは限らない。しかも今 敏がレイアウトに求める水準は高い。ならばレイアウトは自らが描いてしまって、アニメーターはキャラクターの演技に注力してもらおうという〝適材適所〟であり〝リソースの最適配分〟を考えた結果が、このレイアウトを兼ねた絵コンテに繋がったのだ。決して予算が潤沢ではなかった今 敏作品のクオリティが高く見える理由の一端は、こうした制作スタイルから生まれた、高いレベルで安定したレイアウトにあるのは間違いない。

そして、絵コンテがレイアウトを兼ねるように精緻に描きこまれるため、そのシーンにしか出てこない美術設定やプロップについても、自動的に兼ねることになる。結果として今 敏作品は描き起こされる「設定」がとても少ないことになった。

「設定がほとんどないに等しいというこの作り方は、自分が設定という職分からアニメ業界に入ったことと無縁ではないと思います。写真資料を基にして美術設定をどんなに細かく描いたとしても、背景に興味をもたない原画マンがレイアウトを描いた瞬間にディテールがまったく再現されなくなるんです。情報量が劣化するんですよね。その結果、自分がまた設定に合わせてレイアウトに情報を描き足す作業が増えるわけで、それだったら最初から絵コンテでディテールを描いておいたほうが効率的だろうと……そういう発想の積み重ねで現在のスタイルが完成していきました」（DVD『パプリカ（デラックス・ボックス）』ストーリーボードブックより、ソニー・ピクチャーズエンタテインメント、二〇〇七）

ちなみに聞いたところによると、今敏は、大きめの紙（おそらくB4サイズではないかと思われる）に絵コンテ用紙と同じサイズのフレームがいくつか印刷されたものを使って絵コンテの絵を描いていたという。そしてその絵をスキャンして、Photoshop上で絵コンテとして完成させていくのだ。その時にハーフトーンなどを使って照明の効果なども加えられていく。大きめの紙を使うのは、パースをとる時にフレーム外に消失点をとりやすいから。実際のレイアウト用紙であれば、紙を継ぎ足してパースをとらなくてはならないが、大きな紙に絵コンテ・サイズのコマであれば、紙を継ぎ足す手間は不要だ。またいきなりレイアウトサイズで描いても、コンティニュイティが把握しづらいということもある。

これはもちろん、絵コンテサイズのコマの中に、レイアウトとして使えるだけの描きこみを正確にできるという今敏の画力があればこそ、の技ではあるのだが。

絵コンテがレイアウトを兼ねられるようになったのは、Photoshopを導入したことで、背景原図（レイアウト）とキャラクターを別に描くことができるようになったからだ。しかし、今敏がデジタル化の恩恵を一番得たのは「撮影出し（撮出し）」の工程だろう。絵に振り回されず、いかに明快にストーリーを語るかを意識して演出してきた今 敏だが、この画面づくりの最終工程については非常に細部に拘った作業を行っている。

「撮出し」はもともとアナログで制作していた時代の言葉である。完成したセル画、背景とタイムシート（どういう順番でセルを撮影すればいいかが描かれている伝票）をつきあわせて、そのカットの狙い通り撮影ができるかどうかを確認する作業のことだ。この段階で素材にひと手間加えることで画面の見栄えがアップすることもあり、アニメーションにおける演出作業の要ともいえる工程だった。この作業は「演出」または「演出助手」とクレジットされるスタッフが担うことが多かった。

しかしアニメの制作工程の仕上と撮影がデジタル化されてからは、撮出しはあまり行われなくなってしまった。これはよくも悪くも撮影の対応力が増して、素材に不備があっても現場対応で済ませられる場合が増えたり、そこで一回撮影してからリテイクでミスを潰したほうが効率がいいという考え方などが出てきたからだ。

今 敏の「撮出し」はこうした旧来の撮出しと似ているようで大きく異なる。

『パプリカ』で撮影監督を担当した加藤道哉はこう説明する。

「撮出しといっても、今さんの場合は、そのまんま撮影に持っていっていくためのものとかそういうのじゃないんです。今さんは、そのカットでどんなことをやりたいのか、ということを伝えるためのものなんです。Photoshopで各素材がある程度組まれた上に「こうしたい」ということを明確に伝えるために、さまざまなレイヤーが付け加えられていて、膨大な数のレイヤーが重ね合わさっているような状態でこちらに渡されるんです」（DVD『パプリカ（デラックス・ボックス）』ストーリーボードブックより、ソニー・ピクチャーズエンタテインメント、二〇〇七）

今敏がこのカットごとの絵の狙いを撮影スタッフに伝えるための「撮出し」をするようになったのは『東京ゴッドファーザーズ』からだ。

「かなり複雑な事をやりましたよ。たとえば煙の動画に影がついてハイライトがあったとしますすね。それを色指定や仕上げの方で選択範囲ごとに切り分けます。煙がCセルとしたらC、CC、CCC……そういう風に分けて、それぞれを全部ボケ方と乗せ方を変えて、さらにボケ率も変えて、別のテクスチャをO．Lさせながら引いてくれとか、そういう指示を出したりしました。一回それが伝わったら、次からは「同じようにお願いします」と」

「これは自分がそんな作業をするとは思ってなかった部分なので、どうしても作業が溢れちゃうんですよね。しかも自分じゃなければわからない部分をドンドン増やしていくことにも繋がる。これでは監督として失格だと。じゃあ、他にどういうやり方があったのかと言われると、ないんです」

「面白いですよ。それはもう（笑）。ほとんど自分の思い通りの画面に近づけられるので。それは必ずしもコンテで思っていた画面とは限らなくて、「ああ、こういう画面になって上がってきたんだ、じゃあこうしましょう」ということも沢山ありました。私は絵のことはよく知っているつもりですから、上がってきた素材から得られるであろう一番いい状態、あるいは修正方法は、アイデアとしてすぐ思い浮かぶ方なんです」（『今 敏絵コンテ集 東京ゴッドファーザーズ』のインタビューより、復刊ドットコム、二〇一八）

この撮出しが画竜点睛となり今 敏の作品は完成するのである。

今 敏は「絵描きの私にとって、アニメーションはコントロールもしやすいですし、私の意図も表現しやすい」（オーストラリアからのメールインタビュー）と語っている。今 敏作品の明快さと、この「コントロール」という言葉ははっきりと結びついている。今 敏作品は明快であるように、明晰な自意識のもとコントロールされているのである。それは、ここまで見た「映画に対する姿勢」「制作工程への意識」「細部へのこだわり」というポイントにおいて特にはっきりと見てとることはできる。

ここまで書いてきて頭に浮かぶのは、今 敏はこの明晰な自意識に、いつか飽きる時が来ただろうか、という疑問だ。

たとえば宮崎駿監督は還暦の年に公開した『千と千尋の神隠し』の時点で、山場を作ってカタルシスのあるハッピーエンドに持っていくような（『ルパン三世　カリオストロの城』のような）作り方をするのは、もうおもしろくないんだ、ということを語っている。映画というのはストーリーが残るのではなく、その時の印象的なビジョンだけが残っていくのだ、と。

絵に溺れず、特徴的なストーリーを明快に語ることを念頭に置いた今敏は、老境に入った時、明晰な自意識から距離を取って、無意識の領域に足を踏み入れるようになっただろうか。それともやはり明晰な自意識を保ちつつ、ユニークな作品を送りだしていただろうか。どちらも見てみたかった未来である。それが叶わなかった悲しさだけが、亡くなって一〇年が経った今も心に残っている。

菅野よう子、「最も身近な批評」と呼ばれる音楽

――『COWBOY BEBOP』『マクロスプラス』『攻殻機動隊 STAND ALONE COMPLEX』『攻殻機動隊 STAND ALONE COMPLEX Solid State Society』『∀ガンダム』『ブレンパワード』

菅野よう子はアニメの音楽において非常に重要な存在だ。一九八五年にゲーム音楽でデビューした後、CM音楽を経て、一九九四年の『マクロスプラス』よりアニメの音楽を手掛けるようになる。その後、河森正治、渡辺信一郎、富野由悠季、神山健治といった様々なアニメーション監督の作品に参加している。

いうまでもなく、菅野の楽曲の多くは、映像作品（主にアニメ）のために描かれたいわゆる劇伴だ。だが菅野の音楽が「伴」の範疇に収まらないのもまた事実。作品に忠実に寄り添うだけでなく、時に作品の芯をねらい打ち、時に思わぬ変化球で作品の幅を広げる。菅野よう子の音楽は、菅野なりの作品に対する一種の批評といえる。

ここではいくつかの作品を取り上げながら、菅野の楽曲と作品の関係を確認しようと思う。

ではまず、アニメにおける音楽発注の大まかな流れを簡単に説明しておこう。

TVシリーズのアニメの場合、原則として、映像とは別に音楽制作が進められる。音響監督と監督が打ち合わせをしてまず音楽メニューを作る。メニューの書き方はいろいろだが「主人公のテーマ1　勇ましく」とか「戦い3　劣勢から逆転へ」といった具合に、メニューにはその曲が本篇で果たすであろう役割と求められる曲調などが書かれる。作曲家は、このメニューにしたがって各曲を作曲する。完成した楽曲は、時に編集をほどこされつつ、完成した映像へとはめ込まれていく。

一方、映画などの長篇アニメの場合は、通常の映画音楽とほぼ同じプロセスで作曲される。まず絵コンテをベースに、どのシーンにどんな音楽を流したいかが決められる。この「どのシーンにどんな音楽を流したいか」という要望がまとめられ、作曲家は、ラッシュなど実際の映像の尺に合わせて作曲をしていく。

菅野の場合、こうした基本的な流れを踏まえつつも、しばしば大胆にそれを踏み越えて音楽制作を行っている点が、非常に大きな特徴といえる。

最初に取り上げるのは『COWBOY BEBOP』(一九九八、渡辺信一郎監督)だ。『COWBOY BEBOP』は未来の太陽系を舞台にした賞金稼ぎたちの物語だ。ここでは特にSESSION#5「堕天使たちのバラッド」における音楽の使い方に注目したい。

サブタイトルに音楽用語が散りばめられているほか、オープニングで軽快に流れる「Tank!」などの印象もあって、音楽とは不可分な印象の『COWBOY BEBOP』だが、当然ながら劇中で常に音楽が鳴っているわけではない。むしろ、音楽をどこで聴かせるべきかを意識し、そうでない場所では徹底的に音楽を排除しているのが『COWBOY BEBOP』といえる。

たとえばSESSION#5のAパートでは、ほとんど劇伴が使われていない。ヒロイン・フェイが劇場へ乗り込むときに、短くコミカルなタッチの音楽が鳴り、あとは舞台で男性歌手が歌い上げている「AVE MARIA」だけ。Bパートになっても、この音楽的鎮黙は続き、主人公・スパイクの古なじみアニーが思い出話を始める場面で、わずかに「WALTZ for ZIZI」がかかるが、これも数秒で消えてしまう。

ところが、スパイクが仇のヴィシャスと決闘をするために、教会へ向かうカットから状況は一変する。ここから「Rain」がかかり始める。「Rain」はスパイクとヴィシャスが対面し、言葉を交わす間も流れ続け、スパイクが戦いの火ぶたを落とすように拳銃の引き金を引くまで終わらない。「Rain」が流れていたのは二分一六秒。TVアニメの総尺数が約二一分であることを考えると、二分超というのが、相当に長い時間であることがわかるはずだ。

スパイクとヴィシャス、ヴィシャスの手下との戦いは、劇伴がつかない。そしてヴィシャスとの一騎打ちの後、ステンドグラスを突き破り、スパイクが地上へと落ちていくカットでふたたび音楽が流れ始める。

今度はソプラノの清らかな声が響く「Green Bird」だ。映像は、初めてかいま見せるスパイクの過去とスローモーションで落下していく様子をカットバックして映し出す。音楽が流れるのは一分四七秒で、やはりかなりボリュームのある音楽シーンになっている。

この後、大怪我をしたスパイクが目覚めるときに聞く「鼻歌」という音楽要素も興味深いが、やはりSESSION#5については、「Rain」と「Green Bird」を頂点とするように、音楽の使い方が設計されているのは間違いがない。

これはおそらく前作『マクロスプラス』から引き続いて菅野を起用した、渡辺から菅野への一種のアンサーだったのではないだろうか。

そもそも菅野は、『COWBOY BEBOP』に関わるにあたって、その直前にやっていた『天空のエスカフローネ』のクラシカルで正統派のオーケストラ曲とは正反対の音楽をやりたいと思っていたという。それは「悪くて残らない」音楽、「三年後に聴いたら「ダッサー」と思っちゃう」音楽。別の言葉を選ぶならジャンクな音楽、といってもいいだろう。

その一方、音楽打ち合わせで「ジャズ」というキーワードをもらった菅野は、『COWBOY BEBOP』の企画を聴いた時点で「地味で売れなさそうだから、音楽でフックをつける必要がある」という印象を持ったという。

この「音楽でフックを」という気持ちとジャンクな音楽志向が組み合わさった状態で、菅野はまずかなりの曲を書いている。映像がまだ具体的になる前の段階にもかかわらず、二〇曲から三〇曲入ったCDが六枚分ぐらいあったという。音楽メニューなど無視して書いていることが容易に想像がつく曲数だ。

SESSION#5で使われた曲は、こうして事前に書かれた曲から選曲されている。状況そのままというわけではなく、むしろ対照的な楽曲を選ぶことで、作品に奥行きを与えている。

この選曲の仕方が、菅野を刺激したのではないだろうか。菅野はSESSION#5の感想を次のように話している。

「作品もたぶん5話目ぐらいまではフワフワしてて、みんなで『ルパン三世』みたいなことをしてて、それが5話ぐらいで変わりましたよね。で、その辺からもうちょっと曲を書きたいと思っていて」

「ナベシンが、正直あんなふうに、あそこまで人間を深く描くひとだとは全然思ってなかったんで、5話ぐらいもまだ深くないですけど、ちょっと違う感じになってきて」(『レックレス・プレイヤーズ　メイキング・オブ・カウボーイビバップ』佐藤大、メディアファクトリー、一九九九)

この後の答えで「だからといって作ろうと思っている曲が変わるわけではない」と明言はしているものの、「フックにならなくては」とは異なるスタンスが菅野の中に生まれたのは間違いない。

菅野との対談の中で、『COWBOY BEBOP』にも参加している脚本家の佐藤大は、渡辺が菅野の曲を使うとき、ＤＪのようなリミックス感覚で使っていたのではないか、と指摘している。映像と音楽が、渡辺と菅野の間でキャッチボールのようにやりとりされることで『COWBOY BEBOP』という作品が形作られていったのだが、SESSION#5は、その第一歩ともいえるエピソードだったのだ。

このようにまず「その作品にとってどんな音楽が必要か」を考えるのが菅野流である。しかも、その場合の「必要」とは、寄り添うというよりも、「ズラしたり」「ひねったり」「拡張したり」する方向での必要性だ。

菅野は『攻殻機動隊 STAND ALONE COMPLEX』シリーズ（二〇〇二、神山健治監督）でも同様のことを行っている。以下、参考資料（DVD『攻殻機動隊 STAND ALONE COMPLEX』04、DVD『攻殻機動隊 S.A.C. PRODUCTION NOTE』）をもとに記してみよう。

『攻殻機動隊 STAND ALONE COMPLEX』（以下『S.A.C.』）は、神山監督の初TVシリーズ監督作。第一シリーズでは、「笑い男」という謎の男による犯罪を非常に緻密にくみ上げ、主人公の草薙素子たち公安9課がその謎を解いていく過程を丁寧に描き出した。

菅野は神山との打ち合わせを終えた後、そういう言葉や論理でがっちり組み立てられている作品に対し、音楽で「どうやって壊そうか」「どうやって感性やノリ、グルーヴを加えようか」という思いで参加したという。またそこには荒巻課長やバトーといった大人の男性キャラクターの、画面には出ない汗や努力を込めたいとも思ったという。

出来上がったデモの中には、七〇年代—八〇年代のロックのようなギターがガンガン鳴るサウンドも含まれていたが、そのあたりにオヤジたちの汗や息吹が込められていたのではないだろうか。

実際の劇伴でもギターはかなり使われている。

『S.A.C.』で音楽発注の中心は、ベテランの若林和弘音響監督だった。実は『S.A.C.』の第一話「公安9課 SECTION-9」で、ダビングの時に菅野が、若林の選曲に反対する一幕があったという。それは第一話冒頭のアクションでかかる一曲目だ。

「悩んだのは第一話だけ」と話す若林。悩みのポイントは、今なら『S.A.C.』らしいともいえる沈んだ雰囲気と明るさをどうバランスとるか、ということだった。

「そこで最初は真面目に考えすぎてしまった」「もっと(シーンの雰囲気に合わせた)シリアスな曲をつけていた」という若林のプランに対して、菅野は大反対したのだ。

「しゃちほこばっているような感じがした」というのが菅野の意見。「エンターテインメントじゃないですか。ぼうっとして見ていても引き込まれるものがほしいじゃないですか。最初にぎゅっと心を掴まないと……」

そこで菅野のリクエストで菅野が第一話冒頭をイメージして書いた「スタミナ・ローズ」をかけることになったという。

「どうやって壊そうか」と思って作品に臨んだという菅野らしいエピソードといえる。

とはいえ決して「壊している」ばかりが菅野ではない、という点は強調しておかなくてはならない。ここで『攻殻機動隊 STAND ALONE COMPLEX Solid State Society』(以下『SSS』)の一場面を見てみたい。

『ＳＳＳ』は『Ｓ．Ａ．Ｃ．』シリーズの三作目に当たり、一〇九分の長篇作品となっている。長篇ということで先述の通り、シーンに合わせて音楽発注が行われている。

物語の中盤の山場、公安９課のメンバーの一人、トグサが彼の電脳を外部からハックされ行動の自由を奪われてしまう場面が登場する。そして外部から体をコントロールされ、自分の娘を自らの手で誘拐することになるトグサ。なんとか右腕だけの自由を確保したトグサは、自分が拳銃自殺すれば娘を助けられるから、と引き金に指をかける……。

神山は「観客の感情を固定したいところに音楽を貼る」と言っており、これは非常にオーソドックスな音楽の使い方だ。この場面についてはまず「トグサの哀しい決意」を観客に伝えるのが音楽に求められた役割だが、神山からの注文はもう一つあった。それは「観客のミスリード」だ。

「観客もまさかトグサが自死を選ぶと思わないはず。だから音楽は最初から哀しいテンションにならないで、途中から哀しい方向に乗り換えていってほしい」

この発注に対しての菅野の回答が「solid state society」だ。

曲は、細かく刻まれたリズムの上を物憂げなピアノが流れるところから始まる。このピアノは、電脳ハックされたトグサの、自分が自由にならない曖昧な気分とよくマッチしている。

曲が始まって五〇秒手前から、ギターが入ってくる。この時点ではピアノの合いの手のような調子で、ピアノとの旋律と絡み合って進んでいく。さらにそのうちストリングスも静かに入ってくる。ところが、二分を越えたところでドラムが強く打ち鳴らされ、雰囲気がガラッと変わる。

ちょうどその部分は、トグサが自分の右腕の自由を確保し「選択の自由だけはあるようだ」と、娘のために自死することを選択の中にいれた場面だ。

以降は、ベースが危機を告げるように響き、ギターが悲鳴のように不安感をあおる。ピアノは鳴ってはいるが、それらの音の中に紛れて明瞭には聞こえてこない。お題では「哀しい」と言葉で表現されているが、ここでは「観客の涙を誘う」というよりは「究極の選択を前にした、胸をかきむしるような思い」という意味での「哀しみ」となっている。この音楽シーンは四分に及び、たっぷりとした音楽の使い方は長篇作品ならではだ。

「作品を壊したい」という聞きようによっては大胆なアプローチも、このようにオーダーをきっちり咀嚼・表現しきれる能力あればこそ可能なものだ、というのは忘れてはいけないことだと思う。

最後は『∀ガンダム』(一九九九、富野由悠季監督)のED曲である「月の繭」を取り上げる。「月の繭」は、シリーズ後半のED曲であるだけでなく、最終回「黄金の秋」のエピローグでも非常に印象的に使われ、『∀』の象徴ともいえる歌だ。作詞は井荻麟こと富野自身によるもの。菅野が先に書いていた楽曲「Moon」に合わせて富野が歌詞を付けたのだ。

そもそも菅野と富野が知己を得たのは『機動戦士Vガンダム』の音楽収録の時。音楽収録はワルシャワで行われたのだが、菅野はピアニストとしてその録音に参加しており、そこで富野と知り合ったという。

その後、しばらく富野はTVシリーズから離れるのだが一九九九年より『∀』を始めるにあたり、その前哨戦として一本TVシリーズ『ブレンパワード』を手がける。『∀』に参加することが決まっていた菅野もその流れで『ブレンパワード』に参加。まずは『ブレンパワード』で富野監督とコンビを組むことになった。

作業を初めて菅野がまずとまどったのは、富野が書いてくる音楽メニューのわかりづらさだった。菅野は当時の思い出を次のように答えている。

「レポート用紙2枚に書かれてきたんですが、キャラクター名とか一切なくて「失われた遺伝子が宇宙を夢見て……」といった観念的なことばかり（笑）。それで「この遺伝子って誰のですか」とか聞きに行ったんです。5回ぐらい行ったけど、それでもわからない。今なら、監督が言葉を練りながら、表現を探す人だとわかっているんで悩まないんですが」（『ブレンパワード スパイラルブック』氷川竜介・藤津亮太編、学研、二〇一五）

『ブレンパワード』のED曲「愛の輪郭」も井荻と菅野による作品。

富野が最初に書いた詞では、最後の「灯火になってほしいと」の部分がもっともってまわった言い回しになっており、菅野は「なってほしいなら、そういうことははっきりと言葉にしたほうが、言われたほうもうれしいと思う」と言って、書き直しをお願いしたという。富野も「そういう指摘をしてくれる人はあんまりいなくて」といいながら喜んで修正に応じたという。

当然ながらこうした『ブレンパワード』時のやりとりは『∀』にプラスに働いた。「Moon」は、極初期の段階の打ち合わせで富野が「竹取物語のような話をやりたいんだ」と話したことから生まれた曲で、『∀』の楽曲の中で一番最初に完成した曲だという。一番最初に書いた曲が、物語のクロージングを担う曲として既に出来上がっているあたりが、いかにも菅野らしい直感の鋭さだ。「月の繭」の歌詞については「愛の輪郭」同様、菅野から細かい意見がいろいろ出たという。

この「月の繭」の完成度の高さは、映像とどう組み合わせるかという点においても、二人の間に一種の緊張関係を生む側面もあったようだ。

菅野は『∀』劇場版完結後の富野との対談で、こんなことを話している。

「実は、富野さんがあの曲（引用者注――「月の繭」）で力のある画面をつくれるとは、正直言って、思ってなかったの。だって「月の繭」はすごい女性的で、ややもするとよくあるきれいなだけの絵が流れていくみたいになっちゃうのが普通だろうから。でも、監督がそういうものをやる人じゃあないのも知っていたから、だから無理とは思わないんだけれど、どうやって一定のところまで持ち込むんだろうと……。感性で曲にあてはめることができないとすると、何か変なことをするのかな、なんて思っていたわけ」

「普通はサビでダーンと画面を宇宙へ持っていったりするじゃない。これは（引用者注――本篇では）そういうアタッキーな付け方とかしてないのよね。あんな風にカットのコンテが切られているなんて思いもよらなかった。いい意味でね。普通だとまとめちゃうんだけど、まとめ切っていないところがすごい」（「「月の繭」という奇跡」『アニメージュ』二〇〇二年三月号、徳間書店）

「黄金の秋」のラスト、「月の繭」に合わせて展開されるのは、戦いの後に平穏に暮らす登場人物たちのその後の様子だ。それは単に後日談というだけに留まらず、「巡りゆく時の中で生きること」という『∀』の主題を具体的に表す場面となっている。

菅野が指摘しているサビの部分だが、1番ではまず、主人公ロランと彼に片思いしていたソシエの別れのキスが描かれる。ロランは、ヒロインである月のディアナ姫が余生を地球で過ごすのに付き従い、ソシエたちの住む街を離れるのだ。

2番のサビでは、1番のサビを受け取るように、そのソシエがロランの思い出の品であるブリキの金魚を河へと放り投げるシーンが描かれる。またディアナ姫とそっくりの姿をしており、その身代わりとなって月で生きる決意をしたキエルの姿も2番のサビの中で点描されている。これは隠棲したディアナ姫の姿と対になるように配置されている。

富野は、ディアナ姫とキエルをシンプルに対比させることと、ソシエの失恋というわかやすいエモーションを用意することで、物語性を打ち出し、イメージショットの羅列になることを避け、それによって「月の繭」という歌に対抗しようとしている。

さらに富野は先述の菅野の発言に対してこう答えている。

「菅野ちゃんはコマ単位で音楽と絵を合わせたいと思うこともあるみたいだけれど、そればっかりだと画面がその人の才能の中でちいさくまとまっちゃうんだよね」

「だからラストシーンも、まとめきると本当にそこで終わるからやばいと思ったんだよね。だから最後のコンテを切りながら、あと30秒で何かできないか、というのを必死で考えて……やっぱりメシにしよう、と（笑）。そこでスープという本質的な料理にしようっていうのも決まったわけ」（「「月の繭」という奇跡」『アニメージュ』二〇〇二年三月号、徳間書店）

「月の繭」が終わるとカメラは、隠遁生活をするロランとディアナに向けられる。絵でこそ若い顔で描かれているが、ディアナの仕草はもう老人のそれだ。ディアナはロランの用意した夕食のスープを飲み、寝床に入る。ロランがドア閉じながら「また明日」と告げた後、静かに「宵越しの祭り」が聞こえてくる。

「宵越しの祭り」は、物語の序盤に出てきた、民謡風の成人の儀式の歌。その歌がかすかに流れることで、静かではあるが確かな脈動のようなものを感じさせて『∀』は幕切れとなる。

『∀』のクロージングの興味深い点は、「月の繭」といういい楽曲が手に入りました、だから「OK」とはならず、むしろ「月の繭」の力に作品が押し流されないように抵抗をするところに魅力が生まれている、という点だ。その緊張関係もまた、音楽と演出の関係を考える上で興味深い要素といえる。

演出というのは、弁証法的思考が求められるポジションである。「正」と「反」をなんらかのかたちで「合」として表現してみせるところに、演出というものの機能の一つがあるのだ。とすると当初のプランに対し、批評的に「反」として立ち現れ、緊張関係を用意してくる菅野の楽曲が、演出家に好まれるのも当然といえる。

ここでは三作品に限って、その楽曲と作品の関係を見たが、どうして菅野の楽曲が演出家から求められるのか、その理由の一端は見えたのではないかと思う。

庵野秀明の第二章、そしてシン・章へ

――『キューティーハニー』『ラブ&ポップ』『新世紀エヴァンゲリオン』『ヱヴァンゲリヲン新劇場版：序』『ヱヴァンゲリヲン新劇場版：破』『ヱヴァンゲリヲン新劇場版：Q』『シン・エヴァンゲリオン劇場版』『シン・ゴジラ』

二〇〇四年の『キューティーハニー』公開にあたって次のような原稿を書いた。

庵野秀明は、まずもってアニメと特撮、そして映画の記憶に忠実な監督として登場した。庵野は、一九六〇年生まれ。これはアニメと特撮の発達史とともに年齢を重ねたということだ。そして、その経験を血肉として、自主映画・自主アニメの制作を経てそのままプロのアニメーターとして仕事を始めた。

このような経験を反映し、初監督の『トップをねらえ!』は、『トップガン』と『エースをねらえ!』の融合という表層的なパロディ色を超えて、映像の記憶が各所に埋め込まれた作品となった。その作風は続くTV作品『ふしぎの海のナディア』でも同様だった。

『ナディア』の作中のパロディについて庵野はインタビューに「本気でやっています」と答えている。この発言は、アニメに登場するパロディシーンがしばしばアニメ誌などで「お遊び」と表現されたことと好対照だ。庵野は、自らが作品を作るにあたってベースとなるものが「映像の記憶」以外にないという明確な自覚があるのだろう。そしてそれが「記憶」である以上、自分の作品は「二度目」であることを免れ得ない。「二度目」だからこそ、安易なお遊びではなく、本気で演じられなければ、〝作品〟になりえない。庵野作品においてパロディが作品と不可分なのは、そういう諦念にも似た自覚故のことなのだ。この自覚はあらゆる作品に終始一貫している。

庵野を語る時に「映像の記憶」とともに欠かせないキーワードが「リアル」だ。

庵野にも強い影響を与えた一九七〇年代後半から一九八〇年代前半のアニメブームにあって、「リアル」というのは日本の商業アニメーションの進化の方向を象徴するキーワードだった。当然だが「リアル」の位相は一つではない。設定のレベル。ビジュアルのレベル。ドラマのレベル。それぞれが混沌と絡み合いながらも漠然と「リアル」を目指していたのが当時の状況だった。

庵野は『新世紀エヴァンゲリオン』のにおいて、そのような「リアル」志向を一旦解体した上で、一段深く推し進めた。設定はリアルさを捨て完全にマクガフィンとして取り扱われる一方、ビジュアルはほぼ現代と同様の既視感ある風景を採用することで、架空の風景をリアルに見せる段取りを省略する。そしてその上で、各キャラクターの自意識にフォーカスを当て、私小説的露悪行為の上に浮かび上がる人間のリアルな姿を、絵の持つ記号性を超えて、描き出そうと試みた。庵野の求める「リアルさ」からすると、劇場版『エヴァンゲリオン』の「まごころを、君に」で実写シーンが挿入され、その次が実写映画『ラブ&ポップ』（一九九八）となったのは、当然のことだった。そして実写第二作『式日』（二〇〇〇）で、ラスト近くのヒロイン（藤谷文子）とその母（大竹しのぶ）とのやりとりをアドリブで撮影したことで、『エヴァンゲリオン』以降の「リアル志向」が極点を迎える。ではこの「リアル志向」を経過した庵野は、どこに向かうのか。最新作『キューティーハニー』は、『ナディア』を思わせる破天荒なエンターテインメントであり、同時にラストは総監督を勤めた自主映画『帰ってきたウルトラマン』（DAICOFILM版）のラストと非常に類似していた。庵野は「リアル志向」を経由して『キューティーハニー』で再び原点へと戻ってきたのだ。そこを基点とする「第二章」の行く先に注目したい。（「庵野秀明の第二章」『文藝別冊』二〇〇四年五月）

右の原稿を書いてから一七年が経過した。二〇〇四年以降の庵野の〝第二章〟はどのようなものだったか。それは実写映画の経験を踏まえながら、〝アニメ〟という表現手段と改めて向かい合う時期であった。

まず庵野は二〇〇六年に制作会社カラーを設立し、庵野は同社の代表取締役も務めている。ここから庵野には社長、プロデューサーという一面も加わることになるが、本稿ではそこは深追いしないことにする。しかし、TVシリーズ『新世紀エヴァンゲリオン』において、さまざまなリソースの限界をにらみつつ「選択と集中」を徹底したことを思い出すと、経営に携わることも決して不思議ではないように思われる。

そして二〇〇七年に映画『ヱヴァンゲリヲン新劇場版：序』を発表。この『新劇場版』シリーズはその後、『：破』（二〇〇九）、『：Q』（二〇一二）を経て、『シン・エヴァンゲリオン劇場版：‖』（二〇二一）で完結することになる。『新劇場版』シリーズは当初、「リビルド」と銘打ち、TVシリーズを改めて語るという部分が強調されていた。しかし物語に徐々に新たな設定やドラマが加わっていき、TVシリーズのテーマを継承しながらも、まったく新たな作品として、シリーズ全体を包含して完結することになった。

TVシリーズの時ほどではないが、『新劇場版』シリーズも「映像の記憶」は要所に顔をのぞかせている。たとえば『：序』で、第3新東京市のビルが地表へと姿を表す時、道路の車が大きく跳ねるのは、特撮作品でセットに置かれたミニカーが振動によって跳ねる様子を取り入れた表現だ。あるいは『シン・エヴァンゲリオン』では、終盤の空中戦艦同士の戦闘シーンには特撮映画『惑星大戦争』のテーマが高らかに鳴る。また要所でウルトラシリーズへのオマージュも捧げられている。

一方で、前シリーズでついに実写にまで到達した、むき出しの人間性に迫ろうという「リアル志向」はそこまで前面に出ることはなくなった。しかし、その代わりに『キューティーハニー』とはまた異なるアプローチで、実写というメディアの特性とアニメというメディアの特性を組み合わせていこうという挑戦が行われることになった。

実写とアニメは、当然ながら本質的に大きく異なるメディアだが、庵野が実写とアニメの違いについてどう考えているか、『ラブ&ポップ』に関する発言を見てみよう。

「『ラブ&ポップ』は、とにかくアニメじゃないことをやりたかったんです。アニメ制作で一番嫌だったのが、絵コンテで先に頭の中だけで画作りを決めなければいけないことでした。自分でイメージした想定内の映像表現に精神的な限界を感じていたんですね。だから、あれは本当に『新世紀エヴァンゲリオン』の反動というか、『エヴァンゲリオン』でやっていないことをやりたかったんです。なので、まずはわかりやすく実写でと。『新世紀エヴァンゲリオン』の劇場版の中に実写パートも入れましたけれど、あれも作り込みや演出を入れているので、「これじゃない」という気持ちがあって。もっとドキュメンタリーに近いものをやりたかったんです」(『映画は撮ったことがない　ディレクターズ・カット版』所収の神山健治との対談より、神山健治、講談社、二〇一七)

二〇〇七年以降、『新劇場版』シリーズの中で問題になっていたのは、ここで語られている「自分でイメージした想定内の表現」というものをどう乗り越えていくのか、ということだった。それはまず、多くのスタッフがイメージボード、絵コンテの形式で様々なアイデアを出し、それを取捨選択することで「まだ見たことのないおもしろい映像」に迫ろうという形で実行された。しかし、それだけではまだ足りなかったのだ。

ネックになるのはアニメにおける絵コンテの存在。実写はカメラを向けさえすれば映像を獲得することができるのに対し、アニメは、一旦脳内で想定した絵コンテを描くことからしか映像制作を始められない。自分のイメージを超えようとするということは、アニメ制作における絵コンテの支配力から逃れる方法を考えなくてはならない、ということでもある。

前掲書で庵野は絵コンテの呪縛について次のように話している。

「アニメーションって、頭の中にあるイメージをどうやって映像にするかという作業だから、最初にこういう映像を作りたいっていうのが、まず絵コンテという形で目に見えるようになる。でも逆に、自分がイメージしていないものを作りたいと思ったら、絵コンテが邪魔なんです」
「宮崎さんの絵コンテがああいうスタイルなのは、頭の中にあるイメージと寸分違わないものを画面にしたいからなんです。だから、絵コンテというものをすごく大事にしている」
「(引用者注——自分は) イメージどおりにしかならないのは、物足りないんですよね。特に絵コンテを自分で描いちゃうと、自分がイメージした以上のものにはなかなかならないです。(略) そのカットが必要な情報としては、最初に自分がイメージした以上のものは入ってこない。自分のイメージって、大体絵コンテを描く前に頭の中にできちゃうんですよね。そうすると、自分で絵コンテを描いても、想像の範疇をまったく超えないものがそこにあるだけなので」

大きな転機となったのは二〇一六年に公開され、脚本・総監督と務めた実写映画『シン・ゴジラ』である。『シン・ゴジラ』では、プリヴィズ（pre visualization）と呼ばれる簡易な3DCGで各カットを制作したものを使って映画作りが進められた。その狙いについて庵野は次のように語っている。

「そもそも3DCGのカットは（引用者注――普通の実写映画のように）「素材があれば編集で」というわけにはいかないです。でも、絵コンテで作ってしまうと、絵コンテのイメージを作り込むことになってしまって、想像外のものが出てこなくなり、そのうえ現実世界との乖離が拡大する方向になってしまう。『シン・ゴジラ』は脳内のイメージで映像を作りたくなかったんです。『シン・ゴジラ』は、現実空間にある風景を切り取っていく映画を目指したかった。だから、最初に、現実に存在するものを3D空間に作り、その中でバーチャルカメラを使って、ゴジラをどこからどう切り取るかを考えました。または実際の風景を撮影して、この実景の中にゴジラがいたらいい絵になるかプリヴィズで初期に確認する。だから頭の中のイメージを優先させて描く形の絵コンテは必要なかったんです」（『映画は撮ったことがない　ディレクターズ・

カット版』所収の神山健治との対談より、神山健治、講談社、二〇一七）

いうまでもなく「怪獣映画」というものは、怪獣が現実に現れた様子を描くものである。それを映画にするということは必然的に「現実をどう切り取るか」という問題と結びついている。そこに対して「怪獣の登場するシーンは3DCGを使うから」という理由で、通常のワークフローに従って絵コンテを作ってしまったのでは、「現実を切り取った」ことにはならない。そこで3DCGでヴァーチャルなセットを組み、その中で最適なカメラアングルを探るという方法が採用されたのである。これがプリヴィズを制作した狙いだった。

庵野はこの対談の中で「『シン・ゴジラ』は画質を気にする映画じゃないので」とも発言している。ここからも『シン・ゴジラ』の狙いが第一に「怪獣のいる風景を臨場感たっぷりに切り取ること」であったことがうかがえる。

この発想が続く『シン・エヴァンゲリオン』で全面的に採用された。『シン・エヴァンゲリオン』ではバーチャルカメラ、モーションキャプチャーなどを使い、映画の多くの部分についてプリヴィズが制作され、絵コンテをきる（描かれる）ことはなかった。プリヴィズ撮影の段階でさまざまなアングルを検討し、さまざまなテイクを撮影し、それを編集してまとめることで、これから作るべき作品の根幹を定めていったのだ（ただし諸作業のためにプリヴィズの動画を絵コンテ形式にプリントアウトしたものは作られた）。

実写のように「現実を切り取った形」でアニメを制作すること。それは「アニメというメディアの拡張」である。それは『新劇場版』シリーズを通じてようやく到着した極点でもある。このようにアニメの限界を実感して実写にアプローチした〝第一章〟に対し、〝第二章〟は、実写の経験を踏まえアニメ制作の手法を拡張した時期としてまとめることができる。これは手法の拡張のみならず、アニメという表現手段の可能性を拡張し、「アニメというジャンルの輪郭」を新たに引き直すということでもあった。

『シン・エヴァンゲリオン』を完成させた庵野だが既に二つの企画が発表されている。一つは企画・脚本を担当した『シン・ウルトラマン』、そして脚本・監督を務める『シン・仮面ライダー』。どちらも特撮映画に分類されるであろう作品だが、果たしてどのようなアプローチで制作され、どのような内容になるのか。庵野自身がこれまでリスペクトを公言してきた作品だけに期待も大きい。いずれにせよ二〇二一年で〝第二章〟は終わり、ここからは新章――シン・章が始まるのである。

光は色、色は光、押井守の描き出す世界
――『うる星やつら』『ミニパト』『イノセンス』『機動警察パトレイバー2 the Movie』『GHOST IN THE SHELL／攻殻機動隊』

宇宙からの押しかけ女房ラムと、稀代の女好き諸星あたるのドタバタラブコメディ『うる星やつら』（一九八二）のＴＶシリーズにこんなシーンがあったことを覚えているだろうか。

喫茶店で策謀を巡らす眼鏡の男。男の左側にある大きなガラス窓からは差し込んだ強い光が、その空間をサスペンスたっぷりに盛り上げている。そして次から次へと登場する策謀の加担者。そして密談。光に滲む各人のシルエットと窓に描かれた喫茶店の店名――。

これは『うる星やつら』の第一〇回「ときめきの聖夜」で、ラム親衛隊最高幹部会議長であるメガネが、ラムに対して冷たい態度をとり続ける諸星あたるに対し、天誅を下すために計画を進める場面だ。この回の絵コンテと演出を担当したのは『うる星やつら』のチーフディレクターであった押井守である。当時の押井はタツノコプロを経て、スタジオぴえろに参加した新進の演出家で、ぴ

えろが手掛ける『うる星やつら』が初監督作品。破天荒な原作と「やったもの勝ち」精神に溢れる若き押井の演出が合体して、アニメ『うる星やつら』は異彩を放つ作品になっていた。

同話では、メガネを演じる千葉繁の重々しい演技に、策謀の加担者が登場した時の繰り返しのギャグが加わり、「やけにシリアスに事態が進行しているが故に笑える」というシーンが登場し、後の『ミニパト』第3話「特車二課の秘密!」（二〇〇二）で見られた押井ギャグの典型（というか原型）ともいえるシーンに仕上がっている。

とはいえ押井ギャグについて語りたいのではない。ここでは押井作品の中に登場する光のあり方について考えを巡らせたいのだ。たとえばこのメガネのシーンでは、この時に、ガラス窓から差し込んでいた強い光に注目したい。この光は、透過光を使って表現されていた。

光あれ。そう唱えることで、光が生まれ、それが世界を形作る。まるで造物主だが、あらゆる映像作品は、その一言が生み出した世界を、作業をフィルムなりビデオテープに定着させたものだということができる。ただし、アニメと実写では、その事情は大きく異なる。「本物の光がそこに存在するか否か」。セルアニメーション――端的にいうと日本の商業アニメの中心をなす〝アニメ〟――と実写の大きな違いが、そこにあるのだ。

実写は、実際に撮影を行われている空間に存在する光によって、画面の中の被写体の色合いが決定する。照明を加えたり、フィルターを使ったりして、カットごとに色合いが変わらないようにするのも、空間に「光」が存在しているからこそだ。実写映画では「光こそ色」であり、光はつねに空間に充ちている。

だがアニメの場合、そこで描かれている空間に、基本的に「光」は存在しない。なぜなら、セルアニメの〝空間〟とは、水彩画の背景とその上に置かれたアセテート製フィルムに描かれた絵の重ね合わせによって生まれた、二次元にすぎないのだ。そこでは、「光」は「描かれた色合い」として逆説的に表現されるのだ。

たとえば、肌が明るい色と一段暗い色に塗り分けられていた登場人物がいたとしよう。アニメを見慣れた観客は間違いなく、これは肌の一部分が影になっていることの表現であると、無意識のうちに理解する（セルアニメにおける影の機能は、光の存在を知らせる以外にもいろいろあるのだが、本題とはそれるので詳述はしない）。これは単純な影だけに限った話ではない。夕日に照らされているならば赤っぽく、月夜ならば青白い方向へと肌の色を変化させるなど、アニメはその色合いをコントロールすることで光の存在を観客の目に見えるものへと置き換える。これは登場人物だけでなく、背景美術においても同様だ。実際に空間を満たす本物の光がないアニメにあっては、実写とは逆に「色こそ光」なのだ。

しかし、「色こそ光」とするアニメの世界にも例外が存在する。その例外の代表的なものが、メガネのいる喫茶店の窓で使われていた透過光という技法になる。

透過光とは、多重露光を使い、実際の光をフィルムに撮影する方法だ。背景やセルの背後から、それらを透過するように光を照らして撮影されるので、その名前で呼ばれている。

誰がこの技法を始めたのかは知らない。しかし、誰かが「アニメの空間にも、（本物の）光あれ」と考えたのだ。戦前にあった影絵アニメーションの伝統が、この技法を技術的に後押ししたことも考えられるだろう。『うる星やつら』の放映された八〇年代には既に、ポピュラーな技法の一つとして定着していた。

さらにいうと、画面の大半を透過光にして登場人物をその中に置く画面作りに関しても、『うる星やつら』以前に既に試みられており、そういう意味で押井のオリジナルの発想というわけではない。しかしながら、押井は幾度となく、この「透過光によって光り輝く窓」を作品の中に登場させている。

この「透過光の窓」はインパクトを持って受けとめられ、『うる星やつら』の頃の押井演出を代表する手法と考える人も多い。ある実写の演出家は、実写でこれを再現できないかと考えたこともあったという。ただし、実写でやるには照明の光量が圧倒的に不足していて、断念したそうだが。

またさらにこれは『うる星やつら　オンリー・ユー』（一九八三）で描かれたステンドグラスの向こう側にいるラムの姿や、『うる星やつら2　ビューティフル・ドリーマー』（一九八四）に登場する深夜の交差点に煌々と光り輝く花屋などといったバリエーションへも発展している。

観客の視点からすると、透過光が登場するカットは、リッチに見えるのだ。透過光そのものが光っていてきれいに見えるからとか、撮影の手間がかかっているからとか、そういった理由だけではない。それは、透過光が本物の光がないアニメに突如現れる「本物の光」だからだ。「本物」だけが持つ情報量の多さ——それはたとえば、きわめてアナログ的に周囲を浸食する光の滲みに端的に表れている——が、画面を支配するからだ。この情報の多さが、画面のリッチさを生み出す。

「僕はアニメーションの世界に登場した自意識」と自ら語る押井だが、透過光という光の何が、彼をここまでとらえたのだろうか？　もちろんそんなことは神ならぬ身に知るよしもない。でも『イノセンス』におけるつつまれた大伽藍の俯瞰に驚いてしまった以上、押井作品と光の関係——それは光が描き出す世界との関係でもある——の原型として、改めて「透過光で輝く窓」を発見し直すのは、決して無駄ではないと思う。

押井作品における「光」との関係は何も、透過光に限った話ではない。「光」を念頭に置きながら、押井のフィルモグラフィーを眺め直すと、透過光とは別に、もう一つ印象的な手法があることに気づかされる。それはフィルター・ワークだ。

フィルター・ワークにより印象的なルック（画調）をつくり出した最初の作品は『機動警察パトレイバー2 the Movie』（一九九三）だ。この作品では、高感度フィルムを使ったため、さまざまなフィルター・ワークを行う感度の余裕が生まれたという。そのため、ルックのコントロール以外にもセルの傷を目立たなくするPLフィルターを用いるなどして、画面全体のクオリティアップが図られている。

具体的なルックの決定については、ディフュージョン・フィルターが活用されている。これは光を散乱させる効果を持ったフィルターで、被写体のハイライト部分は白い光を滲ませ、全体に淡い光に包まれたような画調になる。ここで「画面全体を覆う淡い光」が登場していることをまずは覚えておこう。

『パトレイバー2』に続く『GHOST IN THE SHELL／攻殻機動隊』（一九九五）では、フィルター・ワークはより積極的に行われるようになった。押井のイメージ通りの絵に仕上げるために、色の濃度の差はあれど全てのカットでほぼ何かしらのフィルターが使われたという。

ここで考え直したいのは、ディフュージョン・フィルターの持つ効果の意味だ。『パトレイバー2』から『攻殻機動隊』へと続くプロセスの中で考えたとすれば、「フィルター・ワークによる作品のルックの決定」という技法が確定していくプロセス、それ以外の何者でもない。けれども、押井作品における「光」の原点である「透過光で輝く窓」を原点として、補助線を引き直すとしたらどうだろうか？

透過光という技法は、色によって表現される擬似的な光しか存在しないアニメの空間に、本物の光を登場させようとする試みだ。そしてディフュージョン・フィルターともまた、透過光とは別のアプローチにより、本物の光をアニメの中に取り込む手法、と考えることができる。

改めてここで確認すると、アニメの撮影は、撮影台の上に背景画とセル画を起き、そこに影が生じないようライトを当て、背景画とセル画の上方からカメラで撮影する、というのが基本的な方法だ。ここで背景画とセルを照らしているライトは、アニメの作品中の空間に描かれる「光」とは全く無関係の存在だ。撮影のライトの光は、描かれた絵を狂いなくそのままフィルムに収めるための、存在感を主張してはいけない「ゼロ」の光なのだ。

しかし、ディフュージョン・フィルターを使うと、そうではなくなる。フィルターによって散乱された撮影ライトの光は、被写体であるセル画のキャラクターや背景の上に、淡い光のベールとなって覆い被さる。「ゼロ」の光は、ディフュージョン・フィルターによって、光を持たないアニメの中に登場する「本物の光」となって生まれ直すのだ。そう、その点で、透過光とディフュージョン・フィルターによる光のベールは、実は同じ意味を持っているということができる。

もちろん違う部分もある。それは、作品全体に果たす役割の違いでもある。

透過光は確かに本物の光であり、シルエットになったセル画のキャラクターの周辺に生まれるその滲みが、「空間」や「空気感」を感じさせないわけではない。しかしそれでも透過光は、光のないアニメの世界に突如現れた異質な存在の域を出ることはない。なぜなら、透過光による本物の光がアニメの空間内にある色に影響を及ぼすことはないからだ。「本物の光による光は色」というルールと、アニメの持つ「色は光」というルールは、なんら交わることなく放置されている。そのため、窓ガラスから差し込む透過光は、そのカットを印象的にするワンポイントの演出――いってみれば飛び道具――にしかなっていないのだ。ここでは光はただ光のままであって、作品全体を支配するルック――つまりは世界観――を生み出すまでには至っていないのだ。

翻って、ディフュージョン・フィルターで生まれた光のベールはどうだろうか。こちらはそのカットだけを目立たせるのではなく、作品全体を貫くトーンを生み出すことができる手法だといえる。光のベールはそもそも、被写体にあたった反射光が、フィルターによって散乱したものだ。そのためこれは、本物の光でありつつ、同時にアニメの中の光としても同時に存在するという、二重の存在となっている。それ故に、光のベールは絵から遊離することがなく、空気感、湿度感がそこからより自然に漂ってくる。アニメで描いている空間の実感がより増すことになる。

印象的な演出法に過ぎなかった「透過光の窓」から、ルックに大きな役割を果たすフィルター・ワークへ。それは単なる手法の違いではなく、アニメの空間の中に、本物の光を導く手法の洗練というリニアな視点でとらえることも可能だろう。この変化の背後に、アニメが特定のカットの突出したおもしろさを楽しむ段階から脱して、より統一され一貫しているスタイルを求めるようになった——つまりはアニメがより〝映画〟としての完成を目指すようになった——ここ二〇年あまりの変化を見ることもできるはずだ。

余談ながら付け足すと、カメラや照明にフィルターをかけて撮影することにより、本物の光を手に入れる手法は当然ながらディフュージョン・フィルターだけではない。それ以外の代表的な例が「パラ」だ。「パラ」とはパラフィン紙の略で、アニメーション業界の場合は、色つきのフィルターを指す。これをカメラあるいは、照明にセットして、画面の一部に色をつけたり、暗くしたりすることができる。つまり、実写などと同様、本物の光の色が被写体の色合いを変化させるのである。その結果、「光は色」のルールでコントロールされたアニメ空間がそこに生み出されることになる。

さてここまでは、一九八一年の『うる星やつら』から一九九五年の『攻殻機動隊』の間に起こった、「光」の扱い方の変化の内実を考えてみたが、実は『攻殻機動隊』から『イノセンス』までの九年間もまた、アニメにおいては大きな変革の時代だった。この間に、アニメの制作現場のデジタル化が一挙に進み、ごく一部の例外を除き、セルアニメは「セルアニメをシミュレートした2DCG」へと完全に置き換えられた。撮影台の物理的限界、セルの持つ物理的限界が取り払われる一方で、フィルムの粒子の揺れやカメラとセルの間にわずかにあった空気感などが失われ、アニメはより本物の光から遠い存在になった。

そんなデジタルの大波が押し寄せ、定着していく中で制作された『アヴァロン』(二〇〇一)は、光のあり方について、あっと驚くコペルニクス的転回を見せた。

それまでは、透過光であれ、ディフュージョン・フィルターであれ、その狙いは、アニメ的な「色は光」の世界に本物の光を導入することで、いかに空間=世界を実感させることにあった。しかし『アヴァロン』では、逆に「光は色」の実写作品に、「色は光」というアニメ的アプローチを導入。それまでとは逆の方法論でルックを実現することを試みたのだ。

押井は、『アヴァロン』に至る前、『G.R.M.』のプロジェクトの時から、「リアリティある架空の世界をいかに描き出すか」という課題を考えていたという。そして、そこで押井は一つの方針を得る。それが「色」の果たす役割である。存在しない世界にリアリティを与える色づかい。それは常に定まった——セル絵の具のような——色づかいではありえなく、光や空気によって変化し、なおかつある種の一貫性を保ち続けなくてはならない。

それは本稿の言葉遣いに従うのならば、実写における「光は色」のルールと、アニメにおける「色は光」のルールの間にある「光と色」の世界である。光が生まれ、それが世界を形作る、と先に書いた。では、それが具体的にどういう意味を持つのか、『アヴァロン』の制作方法を参考にしながら、考えてみたいと思う。

その前にまず確認しておきたいことが一つ。それはそもそも色には三つの属性がある、ということだ。色相、明度、彩度だ。色相とは、赤とか青かといった色味のこと。明度は、文字通り明るさのことで、白から黒までの幅を持っている。彩度は、色の鮮やかさ。彩度が低いほど、グレーに近い色合いになる。

誰もが感覚的に知っているように、光は光源から空間を直進し、何かにぶつかりそこで吸収もしくは反射して「色」の情報となって観察者の目に入る。もちろん空気中の細かな埃などによって散乱する光もある。人の目は、こうした情報を画像の中に感知することで、その空間をまざまざと感じることができる。そして、その空間のありようは、その作品が持つ「世界観」を決定する。

これを念頭においた上で、『アヴァロン』の制作方法を見てみよう。

『アヴァロン』はまず通常の実写映画のようにポーランドで撮影された。そして、そのフィルムを素材とし、ポスプロ段階で「Domino」（イギリス・クォンテル社の製品で、フィルムスキャナーとレコーダー、それにワークステーションで構成されたシステム）を使って、徹底的に画像を加工して、一カットずつルックをコントロールすることで作り上げられた。公開当時から言われていたが、その点で、

『アヴァロン』はアニメのように作り上げられた実写映画ということができる。

では、『アヴァロン』のルックとはどういうものか。まず色調。彩度を落としたアンバー系の色合いでありながら、完全にモノトーンにはなっておらず、わずかにそのものの色が残っている。またコントラストは強く、白い部分は完全にとんでいるし、黒の部分はしっとりと重く、その黒はさらに周囲にじんわりと滲んでいる。『アヴァロン』の制作にあたっては、このルックを作り上げるために、まずアニメーションのようにイメージボードを各カットごとに制作。そして、そのイメージボードに近づけるよう、「Domino」上で一つひとつの絵がらを作り上げていったという。

ここで注目したいのは、押井が『アヴァロン』について「画面全体をデジタルでコントロールするからこそ、本物を撮影する必要があった」「(役者の)表情はあとから補完できるけれど、もとの表情を変えてしまうのは難しいし、それをやる意味もない」と発言している点だ。

なぜ本物を撮影する必要があるのか。なぜ表情をいじることは無意味なのか。それは、実は色の三つの属性とかかわりがある。

結論から言ってしまえば、実写でしか得られない本物の光が生み出す空気感、リアリティは三属性の一つ「明度」に属する事象なのだ。それはモノクロの実写映画がリアリティをちゃんと獲得していることからも明らかだ。表情もつまり顔の皮膚の上の明度の変化——表情筋による凹凸の変化——と考えることができる。それはアニメ的手法では、絶対に獲得できない種類のものであるのは、すでにあれこれと考えた通りだ。

これを踏まえれば『アヴァロン』で行われたデジタル加工全体を、色の三属性にひきつけて記すこともできるだろう。つまり「明度」は補完することはあっても基本的にそのままにしながら、「色相」と「彩度」は徹底的にコントロールする、というのが『アヴァロン』で行われたデジタル加工の本質なのだ。そして「明度」はそのままで「色相」と「彩度」を変化させるこの行為は、リアリティだけはそのままに、「色合い」によって決定されていた世界観を書き換えてしまうことにほかならない。実写映画では不可分だった本当の光によってもたらされる「リアリティ」と「世界観」を分離し、それぞれをアニメ的な発想でパラメーターをいじるようにコントロールすること。それこそが「リアリティを持った架空の世界」の実相であり、『G.R.M.』の時に浮かんだ課題に対する一つの解答なのだ。

ここまでくれば、『イノセンス』(二〇〇四)の世界まではあと一息だ。これまで公開された映像を見る限り『イノセンス』は、『アヴァロン』の方法論を、2Dのアニメ的な画像の中にどう用いていくかという挑戦のように見受けられる。それは「透過光に輝く窓」からはじまりフィルター・ワークで普遍的な技法となった、「色は光」と「光は色」の交流と相克の、一つの終着点になっているに違いない。

さて、語るべきことはもう少なく、あとに残されたのは『イノセンス』を鑑賞し、そこに描かれた光の姿を目に焼き付けるだけだ。ではその終着点の姿を確認する前に、一つだけ歴史のIFを楽しもう。

先に、透過光はあくまでも印象的なカットをつくるための〝飛び道具〟であって、フィルター・ワークのようなルックを決定する役割を演じるのは難しい、と書いた。だが、本当にそうなのだろうか？

実は押井は八〇年代後半に、透過光を全面的に使うことでルックを統一した二〇分ほどの作品を考えていたという。これは二〇〇四年二月発売のＤＶＤ『トワイライトＱ』ブックレット用の取材の中で、押井自身が語ったことだ。

それによると、押井はオムニバス映画『Manie-Manie 迷宮物語』（一九八七）に参加しないかと声をかけられたことがあったという。同作は一九八四年から一九八五年にかけて制作されていたというので、『うる星やつら』のチーフディレクターを辞したすぐ後あたりのころだろう。押井はそこで「カラーインクをエアブラシで吹き付け、透過光をあててステンドグラスのようにしたものを背景にする」というアイデアを持っていたという。キャラクターはすべて吹付けのシルエット。それが〝滲んだような光〟の中にいるというアイデアだったという。ただしこの企画は実現せず、押井が『Manie-Manie 迷宮物語』に参加することもなかった。

押井は、自分の好みの画面を、「輪郭が滲んだような、薄ぼけたような画面」と語っている。これはつまり「透過光による光の滲み」から「ディフュージョン・フィルターによる光のベール」そして、『アヴァロン』のルックにまで共通するトーンだ。この幻の作品もまた、そうした押井の美意識を全面展開したものになったはずだ。

もし、この作品が完成していたら――。そこには現在とはまったく違う、押井作品と「光」の系譜が刻まれていくことになったかもしれない。だが、それは誰も知ることはできない。

視点 III

それはどのように描かれたものなのか

アニメ・漫画・実写の界面をめぐって

記号と身体と内面
——『トーキング・ヘッド』『男子高校生の日常』『STAND BY MEドラえもん』『ルパン三世』

漫画やアニメを原作とする舞台／ミュージカルを指す時に使われる「二・五次元」という言葉を煎じ詰めていくと、「キャラクターとは何か」という問いが浮かび上がってくる。ここでは筆者の専門領域であるアニメにおいて、キャラクターとはどういう存在かを考えることから「二・五次元」というテーマを浮かび上がらせてみたい。

スクウェア・エニックスの漫画雑誌のCMを見たことがあるだろうか。深夜に放送されることが多い同社のCMは、アニメ化作品の主人公が、そのキャラクターとしてCMのナレーションを担当している。

このナレーションでは、キャラクターを特徴付ける言い回しや決め台詞はそのまま登場するが、キャラクターが自己紹介をすることはほとんどない。また、当該のキャラクターのイラスト（たとえばコミックスの表紙）などが画面に映ることはあるが、声の主がそのキャラクターであるとわかるような図像との関連づけ（口パクなどの台詞との同期）もほとんど見かけない。同社原作のアニメの間に流れるCMだから、たいがいの視聴者はそれがどのキャラクターなのかすぐわかる、ということなのだろう。

ここでおもしろいのは、「声（台詞）」だけで、そのキャラクターがそれと視聴者に認識されているところにある。

アニメのキャラクターは「図像」と「台詞」から成立している。だがこの事例を見てもわかる通り、図像がなくても「あのアニメのあのキャラクターである」という認識は成立する。実は「図像」も「台詞」もアニメのキャラクターにおいては絶対的なものでないのだ。

押井守監督による実写映画『トーキング・ヘッド』（一九九二）は、監督が失踪し迷走するアニメ映画の制作現場を舞台にしている。物語の要所要所にスタッフが、自らの仕事の持論と歴史的根拠を語るシーンが織り込まれた本作は、押井流の映画論映画、アニメ論映画なのだが、劇中のキャラクターデザイナーは「遺言」の中で次のような言葉を残している。

「これで複数のアニメーターによって描かれた似ても似つかぬキャラクターが／ただ同一の音声によって演じられるだけで／いや時には声優の交代という非常事態をも受け入れつつ／疑いもなくその存在を同定される摩訶不思議」

この台詞の通り、かなり作画が荒れたとしても、声が変わっても視聴者はキャラクターを別人と見間違えることはない。

なぜならアニメのキャラクターの一貫性は、「色」(視聴者はアップ時の画面占有面積の多い髪の色を手がかりにキャラクターを把握していることが多い)と「声」によって保証しているからである。そしても し「声」が変わることがあっても「色」に代表されるキャラクターを象徴する記号性が一貫性を保証する。逆に言えばこの二つとも同時に保証されないと、キャラクターは同一性を失い誰が誰だかわからなくなってしまう。

このように「図像」と「声」の二つがアニメのキャラクターを両面から支えている。だからこそ「声だけでそのキャラクターとわかるCM」が可能になる。

では、最初から「声」だけでこのようなキャラクターは成立しただろうか。おそらく「声」だけでは、誰もが認知しうるような「キャラクター」にはなり得ないと思われる。

どうしてなのか。

この問題については、二〇一二年に放送されたアニメ『男子高校生の日常』を題材に考えたことがある。『男子高校生の日常』は、山内泰延の同名ギャグ漫画をアニメ化した作品だ。

メインはタダクニ、ヨシタケ、ヒデノリという男子高校生の三人組。彼らが「あるある」と頷きたくなるようなシチュエーションからもう半歩踏み込んで、男子高校生のアホさを象徴するようなくだらないやりとりを繰り広げる。そのノリは、ギャグアニメというよりコントといったほうがしっくりくる。このコントを盛り上げているのが、入野自由（タダクニ）、杉田智和（ヒデノリ）、鈴村健一（ヨシタケ）といった演技巧者がそろったキャスティングなのはいうまでもない。

本作で興味深いのは、作中に口パク（キャラクターが喋っている時の口の動き）に頼らないシーンをわざわざ作っているところだ。

たとえば第5話のアバンタイトルでは背中からキャラクターをとらえ、第6話ではロングショットでバレーボールをする三人を描いている。これはどちらも口パクが見えない絵のため、キャストは自分のタイミングで台詞をしゃべることができる。そのためブレスまで絵に縛られているアニメの台詞らしさが薄れ、生々しいノリが加わって、さらにおかしみが増している。

ここで生まれた「生々しいノリ」というのは、役者そのものの「素」に起因するものなのか、それともアニメのキャラクターに起因するものなのか。

結論からいえばこの「生々しいノリ」こそ、役者の肉体という三次元とアニメキャラクターの図像という二次元の間に生じた「二・五次元的なもの」といえるだろう。

アニメに用いられる図像は徹頭徹尾記号的なものだ。漫画原作も含めたアニメのキャラクターは、程度の差はあれある種の記号の集積として描かれている。そして先述の通り、色などの一部のミニマムな要素さえクリアしていれば、視聴者はそのキャラクターをそれと認識する。

図像の記号性に対して、「声」はそうではない。声は、絵柄の記号性とは反対のベクトルを向いている。声は役者の身体に依存する。固有の存在である役者の身体から生まれるからこそ声には生々しさがあり、それがキャラクターに生命を吹き込むことになる。

ここで大事なのは、キャラクターの声は「役者のそのままの声」として視聴者に届いてはいないということだ。役者の身体から発しつつも、役者固有の身体から切り離されて視聴者に響いているのがキャラクターの声なのだ。

たとえば、バラエティ番組で顔出しをしたキャストが自分が演じた人気キャラクターの台詞をその場で演じることがある。それが極めてオリジナルに忠実であっても、どこか「ものまね」のように聞こえてしまった経験を持っている人は少なくないだろう。

あるいはキャストがしばしば「キャラクターの絵をみないと、その声がでてこない」ということにはどういう意味があるのか。

アニメのキャラクターは、視聴者に広く認知されたその図像を通じて、役者の身体から声を切り離すことで成り立っているのだ。

『男子高校生の日常』は、その構図を逆手にとって、意図的に図像の支配を弱め、声と役者の距離を近づけるようなシチュエーションをつくったのだ。だからこそ、思わぬ「生々しさ」が浮上することになった。

つまり『男子高校生の日常』のアバンタイトルがいかに役者の演技の巧みさによって成立していようと、視聴者の中に「タダクニはあの姿にあの声」という認識を前提にしているからこそ視聴者におもしろさが伝わっている場面であるといえる。

この延長線上で考えると、CDドラマというのは、アニメそのものに比べて「図像」の力は強くないことがわかる。もちろんそれでも原作に由来する絵でありジャケットのキャラクターの図像というのは必須ではあるが、声と図像にはアニメと比べかなり距離がある。図像によって役者の肉体から切り離されていない「声」が記録されているという点では、CDドラマはアニメ以上に役者の身体依存度が高いということができる。その点でCDドラマもまた、もう一つの「二・五次元」といえる。

ここまでは、手描きのアニメにおける図像と声の関係を探ってきた。だが、最近は手描きではなく3DCGによるキャラクターによるアニメがじわじわと増加している。図像が手描きでないことがアニメキャラクターにどう影響を与えるのか。ここもまたアニメのキャラクターを考える上で、重要なトピックといえる。

というのも手描きの図像というのはあくまで「記号」でしかない。視聴者はこの「記号」を手がかりとして、画面の向こう側に「本物」を見ているのである。だからこそ「色」だけが一貫しているような状況でも、キャラクターをそれと認識できるのである。手描きだけでなく人形アニメも基本的には似たような認識で見られている。人形そのものを愛でつつも、それを手がかりとして「向こう側」に「本物の人間」を感知することで観客はドラマを実感しているのだ。

「声」は、「記号」を手がかりとして「本物」への回路を開くときの重要な要素だ。手描きキャラでは難しい曖昧な表情演技をさせず、後ろ姿にして役者の演技でニュアンスを伝える（表情は視聴者の想像に委ねる）という演出方法が効果的なのも、この「図像を手がかりとして本物を感知する」という認識のプロセスがあればこそだ。

しかし3DCGによるキャラクターになると状況は変わってくる。3DCGアニメの流儀は大きくわけると三つある。

一つ目は、手描きアニメの画像に近づけたセルルック。キャラクターには輪郭線があり、影は塗り分けで表現される。『蒼き鋼のアルペジオ‐アルス・ノヴァ‐』（二〇一三）、『楽園追放 -Expelled from Paradise-』（二〇一四）などがこれに相当する。

二つ目は、実写と見まがうようなフォトリアルな画面を作るもの。『バイオハザード ダムネーション』（二〇一二）、『アップルシードアルファ』（二〇一四）といった作品がそうだ。

三つ目は、デフォルメされたキャラクターだが、テクスチャや空間の光などは非常にリアリスティックに表現するタイプのもの。ディズニー／ピクサーといった作品がこのテイストで、世界の主流でもある。ただし日本ではこの路線は決して多くない。『フレンズ もののけ島のナキ』（二〇一一）や『STAND BY ME ドラえもん』（二〇一四）がこの路線といえる。

セルルックは手描きアニメの図像の持つ記号性を生かしているので、これは手描きアニメと変わらない。視聴者は図像を手がかりに「本物」を感知することになる。

フォトリアル路線は逆に「本物にしか見えない」ので観客は実写と同じようにしか認識できない。

アニメの図像は記号的だったからこそ、役者の身体から「声」を切り離す力があったが、フォトリアルな図像はそれが弱い。そこに生まれるのは、吹き替え洋画のような声が画面上の「肉体」を借り受けることで成立するキャラクター像である。

ではピクサーライクな3DCGにおいてはどうか。

ピクサーライクな3DCGではキャラクターの記号性が強いので手描きアニメの図像と近いように感じられる。だが、大きく異なる点がある。それは3DCGはあくまで実体である、という点だ。手描きの図像は「本物」を想起させる手がかりだったが、ピクサーライクな3DCGキャラクターは「記号性を持ちつつ、本物として目の前に存在している」ものなのだ。だからそこにある「記号性」は、「本物」を想起するための手がかりではない。ここに手描きアニメとピクサーライクな3DCGアニメの大きな違いがある。

実体がそこにある、ということは、殴ったり転んだりした時に、手描き以上にそのキャラクターは痛そうに見えるはずだし、ギャグをやろうとした時はその「実体がそこにある重さ」をうまく消してやらないとギャグのテンポや切れ味が悪くなる可能性がある。たとえば『STAND BY ME ドラえもん』では、いわゆる「泣かせるエピソード」はよい雰囲気が出ていたが、ドラえもんが電気ショックのペナルティを受けるシーンはコミカルというより痛々しい印象が前立っていた。これはやはり3DCGで描かれたドラえもんたちが記号ではなく、実体だからこその印象だろう。主人公が大けがをするカットなども（見せ方によるのは当然だが）手描きアニメと同じであれば、ピクサーライクなほうがより痛く見えるはずだ。

フォトリアルなものは実写に準じて、セルルックは手描きに準じて判断すればよいが、その中間のピクサーライクなスタイルは、それゆえに「手描き／実写」と同じには扱えない。記号的な部分が似ているからと、手描きキャラと同じように扱おうとすると、いろいろ齟齬が出てくるはずだ。

こういう状況では図像と声の関係も変化するはずだ。手描きアニメは「図像」と「声」が相補的に「キャラクター」というものを作り出していたが、ピクサーライクなスタイルでは図像は図像で本物であり、声は声で本物であるという足し算でキャラクターが出来上がっているのだ。だから、ピクサーライクなスタイルでは「後ろ姿で台詞だけを聞かせる」ような口パクによらないアングルをつくっても、手描きアニメのような効果は生まれない。

このように「図像」と「身体」の関係を追っていくと、一口に「二・五次元」といっても、そのさじ加減はいろいろあることが見えてくる。

漫画・アニメを原作にした実写映画・舞台では「図像」と「身体」の関係はどうだろうか。アニメの場合はまず「図像」ありきだが、実写映画・舞台ではまず前提となるのは役者の「身体」だ。そして、役者がその身体を使って役柄を表現しうる必然を作中で用意できた時、「身体」と「図像」がバランスして、「二・五次元」のキャラクターが生まれる。

「図像」だけが先行して、役者の「身体」と役柄の間の接点が弱いと、単なるキャラクターの「仮装」になってしまう。

これは実写『ルパン三世』(二〇一四)を見るとわかりやすい。

そもそもルパン三世というキャラクターは非常にわかりづらいキャラクターだ。あの衣装、あの口調という記号性は誰でも知っているが、ルパン三世というキャラクターの中にはドラマを進行させるような内面がない。命のやりとりもゲームとして消費してしまう、表層的なキャラクターが原作のルパン三世なのだ。

ただし、内面がないキャラクターではドラマが組み立てづらい。そこでおおすみ正秋監督が担当したTVアニメの旧シリーズ前半では、盗みというゲームに興じる理由を「アンニュイ」に設定した。もう楽しいことなどなにもなくなって退屈しているからこそ、ギリギリのスリルに身を任せるのだ、と考えたのだ。

しかし旧シリーズ途中から演出を担当したAプロ演出グループ(高畑勲と宮崎駿)は、この「アンニュイ」を採用せず、「ハングリー」とした。「金はないけど、おもしろいことは大好き」だからどんどん危険なことに突っ込んでいくというキャラクターだ。

北村龍平監督の『ルパン三世』は、小栗旬という役者にルパンを演示させるにあたって、生身の人間が演じるに足る内面を改めて用意した。

実写映画の『ルパン三世』には「ザ・ワークス」という「貧しいものからは奪わない盗賊集団」が登場する。ルパンはその後継者の一人と目されているという設定だ。そしてこの後継者選びを巡って事件が発生し、「ザ・ワークス」を陥れようとした者が最終的な敵役として登場する。

「ザ・ワークス」の跡目争いというアイデアを導入したことで、実写ルパンは、「ザ・ワークスを裏切った者」へのホットな思いを抱えることになった。こういう「組織への帰属心を持つルパン」というのは冷静に考えると違和感はないわけではないが、キャラクターの動機としては非常にわかりやすい。こうして役者が演じる根拠を用意した上で、小栗旬がアニメのルパンの図像・記号（台詞回し）を巧みに取り込むことで、画面上には「小栗旬であり、ルパン三世である」という存在が定着されていた。

逆に、こうした内面の根拠を用意しきれなかった石川五ェ門は、実写映画では小栗ルパンほどの存在感を得ることができなかった。

実写の場合、見た目の一貫性は一人の役者の「身体」によって保証されるから、アニメにおける「記号性」に頼る必要はない。だからこそキャラクターの一貫性は、役者の内面の問題になってくる。

その時に重要なのは、役者の中に、このキャラクターはこういう人間だという「キャラクターの内面」が生成されるかどうかだ。これがなければ役者はキャラクターという他人を演じることができない。そのため役者がキャラクターを理解する手掛かりとして設定やバックストーリーの整備が重要になってくる。特に記号性によって一貫性を見せているアニメや漫画のキャラクターであればあるほど、役者の中に「キャラクターの内面」をリアリティをもってどう構築するかが重要になる。髪型や衣装、口癖といった表層的な記号性は、その上にのってはじめて成立する。

もちろんアニメでも演じたり作画したりする時に設定やバックストーリーの理解は欠かせない。だが、キャラクターの一貫性については、第一の要素ではない。アニメのキャラクターの内面は、アニメーターが想像した「内面」とキャストが想像した「内面」が演出家の操作を経て、観客の心に一つの像を結んだ時に生まれるものだ。これは本質的に、記号と声を手掛かりに画面の向こうに「本物の人間」を想像するということと同じことを指している。

役者の中に「キャラクターの内面」を構築することが「一貫性」につながる実写と、記号と声によって「一貫性」を担保されているアニメ。ここではわかりやすく対照的に説明したが、実際にはこの間はグラデーションでつながっている。「役者をアニメの絵のように記号的に扱う実写」もあるだろうし、「役者やアニメーターの内面をキャラクターの根拠にするアニメ」もあるだろう。

ただいずれにせよその戦略は「記号」と「声・身体」と「内面」の関係をどのように構築するかということになる。「二・五次元」もまた、この構図の上にあり、「記号」と「身体」の綱引きの中で成立しているのだ。

三次元化するキャラクター

――『ピンポン』『宇宙戦艦ヤマト』『ルパン三世』『ガッチャマン』『CASSHERN』『妖怪人間ベム』『進撃の巨人 ATTACK ON TITAN』『寄生獣』『釣りバカ日誌』『ミナミの帝王』『僕は友達が少ない』『SPACE BATTLESHIP ヤマト』『のだめカンタービレ』『ヤッターマン』

邦画における「漫画・アニメ原作の実写化」の一番のポイントは「どのようにキャラクターを造形するか」にある。

その分水嶺は二〇〇二年の『ピンポン』(曽利文彦監督)にある。当時は「二・五次元」という言葉はまだなかったが、『ピンポン』は明らかに「二・五次元」的な感覚に基づいて作られており、その一点でそれまでの実写化作品とは一線を画している。〝現代〟の漫画・アニメの実写化はここを起点にすると見通しがよくなるはずだ。

漫画やアニメのキャラクターは、多かれ少なかれ記号化された図像で描かれている。そして記号化された図像だからこそ、自然に見える振る舞いや演技がある。

これを固有の身体を持った役者にどう重ね合わせていくか。

表層的なことからいえば、記号性とそれにまつわる要素を、当該のキャラクターを表現する必要な分だけ押さえて役者に反映させることが必要になる。この「必要な分だけ」というさじ加減は、作り手の感覚と観客のキャラクター理解の度合いで決まってくる。

たとえば『ピンポン』でペコ役を演じている窪塚洋介は、原作と同様に前髪を切りそろえている。このちょっと子供っぽいルックスは、そのままペコの子供っぽさと直結していて切り離しがたい。だから、必要な記号として選択されている。

一方、『宇宙戦艦ヤマト』の古代進は襟足がカールした長めの髪をしているが、そこに古代進の本質はない。そういう意味では古代進は、主人公然とした存在感があればよく、むしろ錨のマークをあしらった艦内服を、実写なりの説得力ある服として着せることのほうが重要になる。

だが、この「外見だけ似せること」に力を入れただけでは、キャラクターというのは成立しない。肉体をもった役者が演じる以上、「役者がそのキャラクターを演じる手がかりとなる内面」が用意され、かつそれが観客にも共有されないと、映画やドラマの中でキャラクターが生きてこない。この内面があるからこそ、役者の身体を通じてキャラクターが実体化できるのである。

一九八〇年代に放送されていた「月曜ドラマランド」枠のアイドル主演漫画原作作品は、記号性のなぞりも内面の確保もともに、かなりおおらかに処理をされていて、だからこそ、「学芸会」など言われたりもしたわけだ。

この点でかなり大胆に手を加えたのは二〇一四年に公開された『ルパン三世』(北村龍平監督)だ。この『ルパン三世』では、ルパンは盗賊集団「ザ・ワークス」の期待される若手というポジションを与えられ、自分の面倒を見てくれたザ・ワークスの頭目ドーソンの仇を動機に行動することになる。

『ルパン三世』というキャラクターは、そもそも非常に表層的な存在で「なんのために盗むか」という行動原理の根本部分は漠然としている。だから、青いシャツに赤い(緑でもいいが)ジャケットを羽織って、山田康雄が生み出した〝あのしゃべり方〟をしても、単なるコスプレ、ものマネにしかならない。

北村『ルパン』はそこに、「若者による恩人の敵討ち」という誰にでも了解可能な浪花節を入れて、映画の上映時間を支えきれる縦軸を作ってしまったのだ。そんな動機など〝ルパンらしくない〟といえばそうなのだが、ルパンは先述の通り「もとから内面がなく」「みんなが知っている記号性は抜群に強い」キャラクターなので、なんとなくルパン三世というキャラクターとして成立してしまっているのである(余談ながら、同作でキャラクター性をいちばんずらされてしまったのは、ルパン三世ではなく峰不二子だった)。

『ピンポン』やあるいは同じ曽利監督による『あしたのジョー』などはその点で、スポーツものなので、役者にとっても、観客にとっても了解しやすい。

これが、世界観とキャラクターの動機が直結しないヒーローものになると、ぐっと難易度が高くなる。

二〇一三年の『ガッチャマン』（佐藤東弥監督）の原作アニメは「敵組織ギャラクターとガッチャマンの戦い」を縦軸にしたヒーローもの。だが敵組織との戦いというのはあくまで設定であって、キャラクターの内面を用意し、観客にまとまった物語を見たと納得させるだけの要素を孕んでいない。そこで佐藤『ガッチャマン』はそこに恋愛要素を加えることでキャラクターを成り立たせようとした。

また、ある意味このジャンルを代表する一作といえる二〇〇四年の『CASSHERN』（紀里谷和明監督）は、「敵組織アンドロ軍団と戦うため自らも新造人間としたキャシャーン」という構図を成立させるために、原作アニメとはまったく違う膨大な設定とバックストーリーを用意することになった。結果、『CASSHERN』はわずかな記号性（キャシャーンの口を覆うマスクや白いスーツ）を除いて、原作アニメとはまた異なる世界観を持った作品として完成することになった。

どちらも一九七〇年代前半のヒーローもののため、キャラクター性の中にドラマ性が実装されておらず、それを「二時間の枠の中で現代の観客の視線に耐える物語」に作り替える必要があったのだ。

これが二〇一一年のドラマ『妖怪人間ベム』になると、同名の原作アニメ（一九六八年放送）から非常に素直に翻案が行われている。これは原作アニメの段階で「醜い姿をした妖怪人間が人間になりたいと憧れる」というシンプルなドラマ性が盛り込まれており、新たな設定でキャラクターに内面を与える必要がなかったからだ。

二〇一五年の『進撃の巨人 ATTACK ON TITAN』（樋口真嗣監督）は、キャラクター像に原作から大幅なアレンジを加えていたが、同作のキャラクターのアレンジもこれまで検討してきたような「内面」をめぐる問題の線上に乗っている。

「二・五次元」を成り立たせるには、記号性をもった図像を単に実体化させるのではなく、「実写映像の中で、実在を信じられるような内面を獲得させること」が非常に重要なのだ。もちろん、内面を獲得させるために新たに用意したドラマ性が蛇足にしか見えなかったり、作品世界とちぐはぐになってしまうことは十分あり得る。実はここそが漫画・アニメの実写化の一番ネックになる部分なのだ。

もちろん二・五次元的なアプローチをとらなくても成立する実写化もある。むしろそういう作品のほうが多い。

その一つは、読者が描かれた図像をよすがにしながら、その向こう側に「現実の風景」を読んでいるタイプの作品だ。最近の作品では漫画原作の二〇一五年の『海街diary』（是枝裕和監督）を例にあげるとわかりやすいだろう。こうした作品はキャラクターの記号性はさほど重要ではないし、原作の段階でキャラクターにドラマが実装され、内面も確保されている。読者が感知しているはずの「現実の風景」を、作り手は自らの読みを手がかりにして現実で再現するのである。『寄生獣』

（二〇一四・二〇一五、山崎貴監督）が違和感なく観客に受け入れられたのも、この路線としてはキャラクター性は決して濃くない原作であることがプラスに働いたと想像できる。

もう一つは、キャラクターを借りつつも、役者そのものが主体になってしまうタイプの作品。『釣りバカ日誌』（一九八八―）や『ミナミの帝王』（一九九二―）がこれに相当する。あるいは広く「アイドル＋人気漫画」という実写企画もこれに含めてもいいだろう。こちらは実写化といいつつも、「原作の再現」は（ゼロとは言わないが）あまり念頭におかれていない。あくまで主演俳優の映画を作るのが主目的として制作されている。近作では『テルマエ・ロマエ』（二〇一二、武内英樹監督）を、ここに入れると立ち位置がわかりやすいかもしれない。

漫画・アニメ原作ではないがライトノベル『僕は友達が少ない』の実写映画（二〇一三、及川拓郎監督）も映像を見る限り、原作の設定を借りつつ、役者の存在に寄り添ったタイプの映画を目指したのではないかと思われる。だが「二・五次元」路線ができて以降の映画故に、中途半端にラノベのキャラクターっぽい行動などが残ってしまい、それが作中で不思議なミスマッチを生んでいた。

なお、二・五次元的アプローチをしながら、キャラクター造形の多くが役者に寄っている作品もある。

一つは『SPACE BATTLESHIP ヤマト』（二〇一〇、山崎貴監督）。山崎努がヤマト艦長・沖田十三のボリューム感あるヒゲを再現し、真田志郎役の柳葉敏郎が原作アニメの口調を取り入れたりと、二・五次元的なアプローチが随所に見られる作品だ。原作アニメの主人公・古代進は直情径行な若者だったのに対し、『SPACE BATTLESHIP ヤマト』の古代進は挫折を経験した元軍人。この設定は、主演の木村拓哉の年齢感に合わせつつ、キャラクターに内面を与えるための要素として用意されている。だが、そうした作中のセッティングから生まれてくるキャラクター性よりも、印象に残るのは「これまで木村拓哉が演じてきたキャラクターの系譜をそのまま受け継いだ気さくなヒーロー像」としての古代進だった。ここでは作中のキャラクター性が、主演俳優の持つ強い芸能の文脈によって上書きされ、それによってキャラクターとしての存在感を得るに至っていたのだ。

もう一つは『のだめカンタービレ』（二〇〇六、映画版は二〇〇九、竹内英樹監督）ののだめを演じた上野樹里である。

『のだめカンタービレ』の主人公である野田恵（のだめ）は、突飛な行動ばかりで、「ぎゃぼー」などの奇声を発するなど、下手をすれば読者（観客）に嫌われかねない要素が多いキャラクターだ。作中で、傍若無人な行動に突っ込みが入れられ、叩かれた姿がギャグとして描写もされたりする。

つまり雑に括ってしまえばかなり「漫画チック」なキャラクターなのだ。こういうキャラクターは普通に肉体を持った俳優が演じると生身の鈍重な印象が残って、原作ほど軽やかにならなくなる。ところが上野樹里は（ＣＧで描かれるギャグシーンも含め）これを実に軽々と演じているのである。これの軽さは余人に代えがたく、上野でなくてはのだめが二・五次元として成立することはなかっただろう。

ここまではキャラクターがいかにある種のリアリティをもって実写作品の中で成立するかを軸に

考えてきた。だが、そんなリアリティなどきっぱり忘れて、ひたすら表層的にキャラクターを追いかけた映画もある。

『ヤッターマン』（二〇〇九、三池崇史監督）だ。三池は、ここでは原作アニメのノリを、役者とCGで再現することだけに意識を注いでいる。そこには登場人物のリアリティの追究といったものはない。ストーリーを盛り上げる都合上クライマックスは少しTVアニメ的なノリからはみ出すが、最後の最後で（偽の）次回予告をつけて、〝TV〟らしく締めくくるのである。

それにしても、どうして二〇〇二年の『ピンポン』が分水嶺となったのか。これにはそれなりの背景がある。

一九九三年、『ジュラシックパーク』（スティーブン・スピルバーグ監督）がCGでの表現を次のステージに押し上げたことがそもそもの発端だ。そしてその潮流の中で一九九七年に『スポーン』（マーク・A・Z・ディッペ監督）が映画化される。そして二〇〇一年には『ロード・オブ・ザ・リング』（ピーター・ジャクソン監督）でトールキンの世界を見事にビジュアル化し、二〇〇二年には『スパイダーマン』（サム・ライミ監督）が登場する。

二〇〇〇年前後からCGを活用してハイファンタジーやアメリカンコミックの世界を描く動きが本格化したのだ。

そういう潮流の中でデジタル・ドメインでアニメーターとして働き、帰国後はVFXマンとして仕事をしていた曽利が『ピンポン』を二・五次元的アプローチで撮るのは必然ともいえる流れだったのだ。

こうして『ピンポン』から始まった二・五次元的アプローチの中でも『るろうに剣心』シリーズ（二〇一二―、大友啓史監督）はかなり巧みに原作を換骨奪胎した例といえる。

そもそも原作の骨格は少年漫画らしい悪漢退治なので、主人公・剣心の内面はわかりやすく確保されている。その上でキャラクターの記号性はできる限り拾いつつも、原作漫画の持っていた漫画っぽさ（必殺技を叫ぶ、味方が戦っている間に主人公が次のステージへ進む…etc.）を廃して、リアリティラインを実写寄りに変更。さらに殺陣に凝ることで「こいつは何故強いか」を説得力をもって視覚化した。少年漫画としては異色の明治初期という設定も、実写化すると作品にある種の格調を与える役割を果たしておりプラスの画面効果を生んでいた。この絶妙のバランス故に、漫画・アニメの実写化においては『るろうに剣心』は一つの基準点を示したといえる。

以上、キャラクター造形を軸にすることで、漫画・アニメの実写化においてはどういうことが起きるかを考えて見た。漫画・アニメの実写化の困難は端的にいえばすべてそこにある。そしてその困難をクリアしたとしても、映画としておもしろいものが出来上がるかどうかはまた別問題なのである。

漫画・アニメの実写化は、キャラクター以外にも「プロダクションデザイン」（非現実的な風景をどう獲得するのか）、「ストーリー」（映画のボリュームと原作のボリュームのミスマッチをどう処理するか）などの切り口が考えられるが、これらはまた別の機会に俎上に載せたいと思う。

漫画がアニメになるとき

――『鉄腕アトム』『鋼の錬金術師』『劇場版 鋼の錬金術師 シャンバラを征く者』『鋼の錬金術師 嘆きの丘（ミロス）の聖なる星』『西遊記』『さすがの猿飛』『キャプテンハーロック』『ドラゴンボール』

日本のアニメは、漫画を母に、映画を父に生まれた子供だ。ＴＶを見れば分かるとおり、ＴＶアニメの多くは漫画原作によっている。これは『鉄腕アトム』（一九六三）のころから同じだ。日本のアニメの豊かさの何割かは、層が厚く幅の広い漫画市場に支えられているのだ。逆にいうと日本は世界の中でも特に、出版業界とアニメ業界が近しい距離にあり、一体となってその文化を育ててきた。

しかし、「漫画のアニメ化」といってもその実態は様々だ。時代によっても変化してきたし、当然ながら作品毎にも事情が違う。

荒川弘の漫画『鋼の錬金術師』はこれまでに二回アニメ化された。『ゲゲゲの鬼太郎』のような一話完結ものにはリメイクされたケースもあるが、ストーリー漫画が二度アニメ化されたケースは非常に珍しい（なお、この原稿を発表して数年が経過した、二〇一〇年代末から様々な作品のリメイクが登場するようになった）。

『鋼の錬金術師』は錬金術の存在する世界を舞台にしたファンタジー。亡き母を再生しようと禁忌の術を使ったエドワードとアルフォンスの兄弟は、それぞれ肉体の一部と全身を失ってしまう。失った肉体を取り戻すため、二人は賢者の石を求める旅に出る。

一回目の放送開始は二〇〇三年。監督は『少年ジャンプ』連載の『シャーマンキング』をアニメ化した経験を持つ水島精二、ストーリーエディター（他作品におけるシリーズ構成にほぼ相当する脚本チーフの役職）は會川昇。原作が五巻まで出版された段階でアニメ化され、一年間全五〇話を放送した。前半は原作に準拠した内容で、後半をオリジナルのストーリーを展開し物語を締めくくった（以下『無印』）。TVシリーズ完結後の二〇〇五年には、TVシリーズのラストのその後を描く映画『劇場版 鋼の錬金術師 シャンバラを征く者』も公開された。

二回目は前作から六年後の二〇〇九年。タイトルに原作の英字タイトル『FULLMETAL ALCHEMIST』が加えられている（以下『FA』）。監督はアニメーター出身で『KURAU Phantom Memory』（二〇〇四）が初監督の入江泰浩、シリーズ構成は大野木寛。こちらは原作にのっとった内容で、原作の完結と歩みを合わせて二〇一〇年七月に放送終了した。大河ドラマ形式で五クール全六四話という長期シリーズで、二〇一一年に劇場版の『鋼の錬金術師 嘆きの丘（ミロス）の聖なる星』も公開された。

日本における漫画とアニメの強い結びつきは、漫画がアニメ企画のインキュベート機能を果たしてきたという側面の現れでもある。『無印』と『FA』は、こうした「漫画のアニメ化」の歴史の結果として並び立っている。多少乱暴にまとめるのならば、二作とも原作をおもしろいアニメにしようとしている点では同じだが、『無印』は一九七〇—八〇年代までのアニメ化の方法論・姿勢を受け継いでおり、『FA』は一九九〇年代以降の方法論で制作されているのである。歴史を振り返ってみよう。

これはつまり「漫画のアニメ化」にはどういうアプローチがあるかを考えることだ。「漫画のアニメ化」がどういうふうに行われるかは、まず漫画業界の思惑と（TV局を含む）アニメ制作現場の思惑の複雑な合力の結果である。そしてその結果を踏まえて、クリエイティブが行われる。『無印』と『FA』がどういう力学の中で成立したかについては、「漫画のアニメ化」の歴史を振り返ってみたほうが見通しがよくなる。

一九五〇年代末、東映動画（現・東映アニメーション）は、長篇アニメーション第三作を制作するにあたって、手塚治虫の漫画『ぼくのそんごくう』に白羽の矢を立てた。手塚はスタッフとしてアイデア満載のストーリーボードを描いた（アニメ版のタイトルは『西遊記』）。

手塚治虫の以前にも東映動画には漫画家の岡部一彦、画家の蕗谷虹児など、アニメーターでない画業の人間が参加していたが、これといった成果を出せないまま東映動画を去っていた。当時アニメーターとこのような漫画家のグループとの間には溝があったという。手塚治虫の場合も、ストーリーボードの内容の多くは使われず、さらに手塚の描いたキャラクターについても現場からは不満の声が出たという。

この時期の東映動画はアニメーターにはない感性・発想を漫画家に求めていたと思われるが、長篇アニメーションの制作現場も黎明期であったし、漫画家のアニメへのリテラシーも高くなく、その溝を埋めて二つの方向性の違う能力を融合させるまでには至らなかった。

ご存じの通り、現在も漫画家がアニメの企画に自らのキャラクターを提供する場合がある。アニメの画を描くのはあくまでアニメーターだが、一般論でいうならば「アニメーターとしての能力」と「魅力的なキャラクターを造形できる能力」は決して一致するものではない。漫画家（時にイラストレーターなど）がキャラクター原案として起用されるのは、漫画で培ったノウハウを生かしてポピュラリティのあるキャラクター作品に提供することにある。

漫画／漫画家が持っているセンスを、いかにアニメに導入できるか、という課題は、このように戦後のアニメ史が始まったころから潜んでいたのだ。

さて、『西遊記』の参加を経て、自らアニメーション制作に乗り出すことを決めた手塚治虫は虫プロダクションを設立。自作の『鉄腕アトム』を一九六三年から放送開始する。そして『鉄腕アトム』のヒットを受けて、さまざまな漫画がアニメ化されるようになる。そしてここから漫画とアニメの二人三脚が本格的に始まるのである。

興味深いのは、東映動画がその後も、漫画家を一種のブレーンとして起用し続けたということだ。まず石森（現・石ノ森）章太郎と『レインボー戦隊ロビン』（一九六六）、『サイボーグ００９』（一九六八）などを送り出す。

その後は永井豪とダイナミックプロが組んで『デビルマン』（一九七二）、『マジンガーZ』（一九七三）、『ゲッターロボ』（一九七四）など多くの作品を発表している。これらの作品の漫画は、今でいうメディアミックスとしてアニメの企画を受けて、雑誌に掲載されたものだ。

永井豪に続いて東映動画は松本零士を起用。松本は『惑星ロボダンガードA』（一九七七）、『SF西遊記スタージンガー』（一九七八）に携わっている。ただし松本の場合、以前からアニメに熱意を持ち、イメージを提供するだけでなく、重要なスタッフとしてかかわった『宇宙戦艦ヤマト』がブームとなったことも加わって、上記作品と並行しながら自作のアニメ化に積極的に動いた点が、永井と大きく異なった。

かくして一九七〇年代後半は松本アニメがＴＶや映画に溢れることになる。ＴＶでは『宇宙海賊キャプテンハーロック』（一九七七）、『銀河鉄道９９９』（一九七八）、『新竹取物語１０００年女王』（一九八一）などが放映され、劇場アニメでは『銀河鉄道９９９』（一九七九）、『１０００年女王』（一九八二）などが公開された。

松本の『宇宙海賊キャプテンハーロック』のアニメ化については一つエピソードがある。

この作品はもともと松本がＴＶアニメ用に考えていたものだったが、企画が決まらず、漫画連載がスタート、その後、アニメ化が決まったという作品だ。

アニメの監督は後に劇場版『銀河鉄道999』を監督するりんたろう。脚本は特撮やロボットアニメで腕を振るってきた上原正三。このスタッフから松本に、アニメ化にあたって原作を変更したいというリクエストが出た。

ハーロックは宇宙海賊として地球政府から追われる無法者。そのハーロックが宇宙からの侵略者であるマゾーンと戦って地球を守るための「動機」として、ハーロックの親友の忘れ形見である少女まゆを登場させたい、というのがそのリクエストだった。

松本はハーロックというキャラクターの根源にかかわるこのアイデアになかなか納得しなかったというが、議論を重ねた結果、松本が折れ、まゆは作品に登場することになったという。

こうしたアレンジは決して珍しいことではなかった。

少し時代が下がるが、細野不二彦の『さすがの猿飛』のアニメ化（一九八二）にあたっても、原作はアレンジされている、シリーズ構成の首藤剛志はアレンジの理由を次のように回想している。

原作を読んで見たが、マンガも設定自体が、1年間52本保つボリュームがあると思えなかった。

ある程度、僕の好きなように変えてもいいですかと聞くと、主人公とヒロインが描けていれば、それで結構ですという。

『さすがの猿飛』は現代にある忍者学校を舞台にしているアニメだが、それだけでは、広がりがない。

敵対する、近代化したスパイ学校「スパイナー」を設定して、ライバル高にし、そこの落ちこぼれ生徒であるスパイ候補生の００８９３と００４９８９というニューハーフ風凸凹コンビを狂言回しに話を展開させる事にした。

原作には一度しか出てこない忍豚(にんとん)という、猿飛家に居候している豚も、レギュラー出演させることにした。（「シナリオえーだば創作術　だれでもできる脚本家」第61回）

漫画の段階では気にならず読み過ごせていたことも、アニメになると無視できないポイントになることがある。またエピソードを膨らませやすいようにキャラクターを配置しておかないと、アニメ独自の物語を作らざるを得なくなった場合に苦労することになる。そうした問題を解決するためのアニメ化の時のアレンジは、漫画をＴＶアニメとして放送しやすくするための構造を強化するものだったといえる。

一九六〇年代から一九八〇年代中盤にかけては、こうしたアレンジが施されるのは珍しいことではなかったし、アレンジに留まらず原作が未完結の場合には、アニメ用に物語をまとめる必要もあった。たとえば前述の『キャプテンハーロック』も『さすがの猿飛』もアニメオリジナルの最終回を迎えており、そこにはアニメ制作者の作品への思いもまた込められている。

もちろんこうしたアレンジもなく、ストーリーもほぼ原作通りというものもあったが、それでも各話の単位ではオリジナルストーリーが入ることは避けられなかった。

また、キャラクターのデザインの問題もあった。

アニメ用のキャラクターを、漫画の絵柄に似せる技術は一九八〇年代前半ごろまではまだそれほど熟しておらず、また、アニメの制作システムもキャラクターを似せることに適した体制（たとえば一九九〇年代以降に当たり前になった総作画監督システム）も採用されていなかった。

以上のような状況から一九八〇年代後半までは「漫画とアニメは（よく似ているけれど）別もの」という状況がむしろ当たり前であった。

だがこうした状況は次第に変わっていく。

以前、当時『少年ジャンプ』の編集長だった鳥嶋和彦に、ジャンプ作品のアニメ化についてどういう姿勢で臨んでいるか、インタビューしたことがある。

その時に鳥嶋はまず、我々は最高の作品を送り出している。そこにどうして手を加える必要があるのか、と不用意に原作をアレンジしてしまう状況がアニメ側に長らくあったことについて否定的な意見を述べた。

その上で、鳥山明の出世作のアニメ化になる『Dr.スランプ　アラレちゃん』（一九八一）の時から「原作に忠実に」と主張しつづけ、この主張は次作『ドラゴンボール』（一九八六）に継続する過程で、次第に東映動画のアニメスタッフにスムーズに受け入れられるような関係ができ上がったと話した。

鳥嶋が最初に述べたことは要するに、それ自体が完成した作品である漫画が企画書代わりに安易に使われてきたという不満である。完成した作品へのリスペクトもないままアニメ化されたことにより、かえって原作漫画の寿命が縮んでしまうこともある。これは原作漫画サイドにあったアニメ化への長らく続いてきた普遍的な不満でもあったのだ。

もちろん鳥嶋もアニメ化にあたってのアレンジそのものを完全に否定しているわけではなく、取材時の質問に対して「よく変えるならいいんです」と話していた。この「よく変える」に含まれているニュアンスは難しい。

奇しくも鳥嶋が「原作通りに」という意見が通るようになった『ドラゴンボール』が放送された時期は、アニメもまたその状況が大きく変化していた時期だ。

一九七七年の劇場版『宇宙戦艦ヤマト』をきっかけとして始まった第一次アニメブームが一九八五年春に終わる。一九八三年から一九八四年にかけて放送された中高生をターゲットにした、ラブコメ作品とロボットアニメが総じて不調で、改篇とともに放送本数が大幅に減少、アニメ・シーンにリセットがかかったのだった。

ここから数年にわたってアニメ・シーンを支えるのは、ファミリーアニメ、キッズアニメに加え、『少年ジャンプ』連載の漫画を原作としたジャンプアニメという状況になる。

一方この時期は『少年ジャンプ』がどんどん売上げを伸ばしていく時期でもあった。

一九八八年一二月に発売された「一九八八年三・四合併号」の最終発行部数は五〇〇万部。この後一九九四年一二月の「一九八九年三・四合併号」で過去最高の六五三万部を記録する。

そもそもどうして一九六〇年―七〇年代のアニメは、原作漫画にアレンジを加えることが可能だったのか。

編集家の竹熊健太郎の仮説によると、一九七三年のオイルショックで紙が高騰し、雑誌の採算が悪化したことから、各社が漫画単行本を積極的に編集、発売するようになったという。この後、漫画の単行本は右肩上がりで発行部数を伸ばし、雑誌で黒字が出なくても、単行本販売で回収するという現在の漫画のシステムが出来上がっていく。

この仮説にのって思考を深めるならば、単行本が当たり前に売れるようになるまでは、メディアのパワーがTVのほうが上だったのではないか。単行本収入がない時代には、TVアニメ化による収入は出版社にとってもありがたいものだったはずだ。この力関係が「人気漫画を企画書代わりにする」ことのベースにあったのではないか。

ところがTVアニメのパワーが弱まる中で、『少年ジャンプ』の持っているパワーがTVアニメのパワーを上回り、関係性が逆転したのではないか。

この一九八〇年代後半に起きた力関係の変化はゆっくりと進行し、一九九〇年代に入ってメディアミックスの積極的な展開と深夜アニメの登場によるアニメのニッチ化が加わって、より明確に「原作通りに」という姿勢が打ち出されるようになる。

それまでは「TVアニメとして強度を得るためにアレンジする」が上位だったのに対し、「原作の世界観をできる限り守る」という要素が加わったのだ。

たとえばフジテレビが立ち上げたアニメ枠「ノイタミナ」で『ハチミツとクローバー』(二〇〇五)、『のだめカンタービレ』(二〇〇七)といった有名漫画原作を手がけた制作スタジオ、J.C.スタッフの松倉友二プロデューサーは「原作に対してよきアレンジャーでいたい」と発言しているが、これも上記のような時代の流れの変化の中での発言と考えるとよくわかる。

長々と説明してきたが、『鋼の錬金術師』のようなストーリー漫画が二回もアニメ化されるという特殊な状況は、このような漫画とアニメの関係を抜きには語れない。『無印』と『FA』の間にある違いは、そのまま「漫画のアニメ化」が含んできた振り幅そのものである。

戦後のアニメ黎明期にあった漫画/アニメの壁は、現在は完全に溶解し、より複雑な循環が生まれるようになった。

大きなポイントは、先述の第一次アニメブームの影響とその後の家庭用ゲーム機の浸透。それらが人気を集めたことにより、一九八〇年代には「マニアック」と呼ばれていたSFやファンタジー的な要素を持った漫画がやがて大きなボリュームをもって存在するようになる。そうした漫画は、アニメ/ゲームと共通の感性を分母のように持っており、ウロボロスの蛇のように、互いのセンスが影響を与え合う関係が生まれている。

『鋼の錬金術師』の掲載誌である『少年ガンガン』は一九九一年創刊。ゲーム世代の小学生をターゲットに創刊された雑誌だ。

だから『鋼の錬金術師』がアニメ化されるというのは非常に自然な流れであった。

『無印』の前半二クールを見ると、五巻までのエピソードを使いつつ、「TVアニメとしての強度を得る」ためにかなり大胆な再構築を行っていることがわかる。

「TVアニメの強度」はこの場合、二つある。一つは各話ごとのエピソードを見やすくする、ある種の「型」を導入すること。もう一つはシリーズを通しての作品のフォルムを決定する要素を随所にちりばめること。

前者は、エドワードとアルフォンスのエルリック兄弟をできる限り一緒に行動させ、ゲストキャラの交流させるという体裁となって現れている。一種の股旅ものとして構成されているのだ。もちろんこの構成は、この物語がエドとアルの物語である、という側面を強調することになる。だが、ただ股旅ものとして作ってしまうと、それはそれで一年間のストーリーとして求心力を欠くことになる。そこで原作にないエピソードを加える場合も、賢者の石や人体錬成にまつわる要素を入れ込んで、物語が大きくどの方向を向いているかを見失わないようにする。

こうした土台の整備に加え、『無印』が特徴的なのは、第三話「おかあさん…」から第九話「軍の狗（いぬ）の銀時計」までを、一一歳のエドワードの物語としたことだ。この中には、一五歳になってからのエピソードである原作第三話「炭鉱の町」と第四話「車上の戦い」がアレンジされて盛り込まれている。

このブロックは同時にアメストリス軍関係の主要キャラクターとエルリック兄弟の出会いを描くパートにもなっている。このあたりの原作の消化の仕方はまさに「編集」といった趣だ。

この後も、原作のエピソードは使われているが、各エピソードは要素のレベルにまで分解され、『無印』という大きな物語の中へとはめ込まれている。そしてその前半二クールをベースに、後半はオリジナルのストーリー展開で物語をまとめている。

対して『ＦＡ』の脚色はまさにメディア間の翻訳ともいうべき内容になっている。ほぼ完成品といって良い状態の原作の作品世界を大事にしつつ、見やすいアニメとしていかにまとめるかに腐心している。

『無印』と『ＦＡ』の最大の違いは、『無印』はエルリック兄弟の物語だったのに対し、『ＦＡ』はさまざまな立場のキャラクターたちが交錯する群像劇として作られている点だ。

たとえば第一話「鋼の錬金術師」は、『ＦＡ』には珍しいオリジナルエピソードの一つ。ここでは首都セントラルに潜入した、氷結の錬金術師アイザックを狂言回しに、今後登場するキャラクターたちを総覧する内容で、『ＦＡ』が群像劇であることを印象づける第一話となっている。

最終話である第六四話「旅路の涯」が、すべての戦いが終わった後の後日談であるのも、群像劇の各キャラクターの顛末を見せるためのものであり、その点で第一話と照合する内容ということができる。

逆に各話のエピソードを進める上では、群像劇ゆえにＴＶアニメとしての強度が低くならないように対策が講じられている。たとえば、ほかの場所でエピソードが動いていても毎回どこかでエルリック兄弟の存在を見せるとか、各話完結性が弱まる分、積極的に〝引き〟を入れて次回まで興味をつないでもらうなどの工夫がこらされている。こうしたアレンジは原作をそのまま表現するという範疇の中で加えられたアレンジといえる。

ちなみに五巻までのエピソードは、序盤一クール（第一二話）までで消化している。

さらにいうなら、当然ながら『無印』と『ＦＡ』の違いは、以上のようなストーリーレベルでの差違に留まらない。演出のスタイルもまた二つの作品の拠って立つところの違いによって異なっている。

その違いを大きくいうと『無印』は原作を再構築した脚本に従って演出をしているが、『ＦＡ』は脚本だけでなく原作漫画の演出（ギャグ顔の入れ方、コマ割り）も意識しながら演出されている。原作のコマ割りを強く意識しているあたりが「原作通り」が当たり前となった現在のアニメ化らしいスタイルといえる。

同じ場面を比べてみよう。

原作第一話「二人の錬金術師」、第二話「命の代価」は『無印』の第一話「太陽に挑む者」、第二話「禁忌の身体」、『ＦＡ』の第三話「邪教の街」としてアニメ化されている。

まずエピソード前半の、エルリック兄弟がリオールの町の人々に囲まれ、アルフォンスが鋼の錬金術師に間違われ、正体が知られたエドワードがちび呼ばわりするくだり。原作一巻一五ページの二コマ目から四コマ目に相当するこの場面はどのように描かれているか。

『無印』は、各キャラクターの全身が入るロングショットでアルフォンスと町の人、そして少し離れた場所のエドワードをとらえる。原作のような漫画的な省略された絵柄は採用していない。続く怒ったエドワードのアクションはギャグタッチの絵柄。エドワードは、町の一人の足を持ってジャイアントスイングしている。

これに対し『FA』は、ギャグタッチの省略された背景を使い、一五ページ三コマ目とほぼ同じ画面を描いてみせる。続く四コマ目も漫画と同じタッチと構図。まさに吠えているエドワードの手前にいる逃げまどう人々を、作画で動かすのではなく、モブを描いた数枚の絵が次々手前に倒れ込むような独特の演出として処理し、この場面がギャグであることを強調している。

この場面のように原作のギャグ顔を丁寧に拾っているのも『FA』の特徴。たとえば、エドワードが自分を取り押さえていたレト教の信者を倒した後の「ストライク!」という表情、あるいはエピソードのラストでレト教の教主が持っていた賢者の石がニセモノであることがわかった後のふ抜けた顔なども原作に沿って描かれている。このあたりも原作を強く意識した上で演出されている部分だ。

同様に『鋼の錬金術師』の中で名台詞として知られるエドワードの「立って歩け 前へ進め あんたには立派な足がついてるじゃないか」という言葉が登場するラストシーンの段取りも異なっている。

原作では、室内での戦闘の結果、建物が壊れてほぼ屋外の風景が見える状態で、ゲストヒロインのロゼとの別れが描かれる。

『無印』は前後篇にした時間的余裕もあって、最後の決戦のために屋内から屋外へと舞台を移す段取りを踏んでいる。そしてラストは、ロゼがエルリック兄弟を上手から追ってきた状態で、言葉を交わす。キャラクターの立ち位置が異なっているので。原作九一ページ一コマ目で描かれたロゼのアップは、逆アングルになっている。そして、カメラはロゼを背後からローアングルでとらえてロゼの足を強調しつつ、画面奥へと去っていくエドワードをやはり背中でとらえる。

この後さらに、アルフォンスがロゼに話しかけ、フォローをする場面を入れて二人の性格の違いを印象づけるあたりが、エルリック兄弟をコンビとして描いている『無印』らしい脚色だ。

『FA』は、クライマックスの戦闘そのものを室内で行い、その後、外に出てきたエルリック兄弟をロゼが待ち受ける構図。エルリック兄弟が上手で、ロゼが下手のため、ロゼのアップは原作とほぼ同じレイアウトになっている。

そしてこのロゼの隣をすり抜ける形でエルリック兄弟は去っていき、三人の位置関係は原作九二ページ二コマ目と同じ、背中合わせの関係になる。この時、カメラも高い位置に置き、意図的に原作のコマと同じ絵を見せようとしている。

アニメの画面作りの基本となる絵コンテ。このコンテとは「コンティニュイティー（連続性）」の略だ。映像には映像の流れがあり、それを無視して映像を差し挟むとコンティニュイティーは壊れてしまう。『無印』は、脚本から読みとった流れをそのまま映像にしているが、『FA』は脚本の流れに加え、原作のポイントとなるコマが映像のコンティニュイティーの中に当てはまるよう考えてコンテを組み立てている。

原作のラストが見えてから逆算で「原作通り」にアニメ化しようとしている『FA』と、原作を再構築した脚本に従って演出している『無印』では、このように映像の段階でもはっきりとした違いがあるのだ。

さて漫画家ゆうきまさみは二〇〇七年、アニメ雑誌『Newtype』で連載中の漫画エッセイ「はてしない物語」の中で「アニメと原作のすきま」「原作は素材か」「素材の言い分」と題して、漫画のアニメ化について考察した(『ゆうきまさみのもっとはてしない物語』ゆうきまさみ、角川書店、二〇〇八)。ゆうきは二〇年前――一九九〇年ごろ――同じテーマでエッセイを書いていた。その時点では「本来それ自体が完成品である漫画がアニメ制作のリスクを減じるための保険として使われている」が一つの結論であった。

しかし、ゆうきはこの三回の中で、「マンガはマンガとして完成品である」としながらも、別の見解を記すに至った。それは二〇〇七年が、もはや深夜アニメが当たり前となり、かつての「人気漫画→プライムタイムや夕方枠でのアニメ化」という構図がゆらいでしまったからだ。

ポイント部分のネームを抜き書きするとこうなる。

「おそらく、まんがを原作とするアニメのほとんどは、原作の連載中に企画が立てられ、連載中に放映が開始され、連載中に放映が終了しているはずだ。特に、物語に切れ間のないストーリーまんがを原作とした場合、アニメ関係者は試練にみまわれる」

「自分の経験と少ない知見で言い切っちゃいますけどね――／最終回に至る道筋を明確にイメージして描いているまんが家さんって、そんなに多くないと思いますよ（フキダシ外に）いや、最終回そのもののイメージはあったりするんだけれど…」

「つまり原作者自身が部品の組み合わせに試行錯誤しているような状況下で、同じ部品を使って完成品を組み立てるという困難なプロジェクトに挑まざるをえなくなるのだ、アニメのスタッフは」

「この辺が小説の映画、ドラマ化と違うところ。僕が「まんが、特に連載中のストーリーまんがは、たしかに原作ではあるのだが、同時に素材である」という認識に至った経緯だ」

『鉄腕バーディー』という連載中の自作のアニメ化にあたって語られたゆうきのこの考えに従うなら、『無印』のアニメ化にあたって原作は、間違いなく「素材」であった。そしてその「素材」のよさを引き出すために、アニメのスタッフは腕を振るった。そのためには原作を批評的に読み込むことは不可欠で、そこに『無印』のテンションの高さが生まれた。それは一九七〇年代の一部の原作付きアニメが持っていたエネルギーに非常に接近している。

これに対して『ＦＡ』の原作は、「それ自体が完成品」である。完成品は揺らがない。そして「アニメの漫画化」において、完成品をできるだけ尊重する方向に、アニメと漫画の関係は変化してきた。『ＦＡ』は非常に洗練された作品で、一九九〇年以降における漫画に忠実なアニメ化として成功している。それは、ＴＶで『鋼の錬金術師』を知った新たなファンを原作へと導くことになった。

『無印』と『ＦＡ』はその珍しい成立条件から、「漫画のアニメ化」の歴史とその中で生まれた二つのモードの在り方について、非常にわかりやすく見ることができる。

漫画とアニメの距離

――『うしおととら』

『うしおととら』のTVアニメは二〇一五年七月から放送が始まった。TVアニメは原作の持つ熱気を見事なまでに再表現していたが、それはさまざまな技術や工夫の産物である。ここではTVアニメ『うしおととら』が魅力的な作品になったいくつかのポイントに注目しつつ、「漫画とアニメの距離」を具体的に考えてみたいと思う。

『うしおととら』は、獣の槍を手にした少年・蒼月潮（あおつきうしお）と妖怪のとらがコンビを組んで妖怪と戦っていく物語。やがて、潮は死んだはずの母と大妖怪・白面の者の因縁を知ることになる。

そもそも二〇一五年のTVアニメ化だが、『うしおととら』の連載開始は一九九〇年ということを考えると、ずいぶんと時間がたってからのTVアニメ化といえる。本作は、一九九二年から全一〇話のOVAとして一度アニメ化はされているが、この時は連載中ということで、第五巻所収の「風狂い」までしかアニメ化されていない。

実はこの間、『うしおととら』に先立って「一度アニメ化されたビッグタイトルが改めてTVアニメ化する」ケースが二つあった。一つは『HUNTER×HUNTER』。一九九〇年に連載開始された同作は一九九二年に一度アニメ化された後、二〇一一年から再度TVアニメ化された。もう一つは『ジョジョの奇妙な冒険』。こちらは連載開始が一九八七年で、一九九三年に第三部の後半がOVA化され、二〇一二年から第一部・第二部のTVアニメがスタートした。

この二つは幅広く人気を得ている作品だが、一九八〇年前後に生まれた男性（この層は現在のアニメの主要ターゲット層の一つでもある）に特に人気が高い作品という共通点がある。そしてその条件は『うしおととら』にもぴったり当てはまる。こうした企画の流れから考えると、「魅力的な原作を現在の技術でラストまできっちりアニメ化する」という形で『うしおととら』がTVアニメ化されるのは十分自然なことだといえる。

では『うしおととら』の原作からTVアニメへの翻訳はどのように行われたのか。語るべきポイントはあまりに多いので、ここではストーリー構成の妙と演出の二つに絞って話を進めていこう（たとえば畠中祐と小山力也といったキャスト陣の熱演、あるいは筋肉少女帯のOP曲の絶妙さなどにも触れたいが、さすがに紙幅が足りない）。

漫画とアニメの決定的な違いの一つは、最初に全体のボリュームが決まっているかどうか、だ。漫画は連載一回毎に一つのエピソードを積み重ねながらも、何巻で完結するかは決まっていない状況で継続していく。作家は、連載が長くなっていく過程で、既に描き上げた作品の細部から、作品の全体像を紡ぎ出していく。

これに対して、TVアニメは基本的に最終回までの放送本数は決まっている。つまりアニメは、必ずやってくる最終回にめがけて語り進めていくメディアなのである。そして、TVアニメを毎週飽きずに見てもらうためには、どこでどんなエピソードを配置していくかを考える必要がある。

こうしたTVシリーズ全体のストーリーの流れをとりまとめるのが脚本家のチーフにあたるシリーズ構成の役割だ。本作は平成仮面ライダー・シリーズやアニメ『DEATH NOTE』などで知られる井上敏樹と原作の藤田和日郎が共同でシリーズ構成にクレジットされている。

TVアニメは一クール（一三本）を基準に構成がたてられる。『うしおととら』の場合、二〇一五年七月からの二クール（二六本）と二〇一六年四月からの一クール（一三本）の計三九話。分割三クールといわれるスタイルで放送された。

オーソドックスな構成では、一三本を基準にして、中盤（六話や七話あたり）と終盤（一二話や一三話あたり）に山場を作るが、『うしおととら』はまさにその通りに構成されている。

第一クールでいうと第七話「伝承」で潮は北海道・旭川へと旅をすることになる。第拾参話「遠野妖怪戦道行〜其の弐〜」で妖怪たちと親しくなると、第二クール前半では獣の槍伝承者を巡るエピソードが始まる。そして第弐拾話「妖、帰還す」で獣の槍誕生の秘話が明かされる。そして第二クールのラストはハマー機関のエピソードで、クライマックスに関わる勢力を一通り登場させ、一旦幕となる。

三カ月後に再開した第三クールは、字伏の登場するエピソードを入れ替えたり、麻子を助けてくれる香上、片山、伏戸の三人組に関わる部分を切り落とすなどして、一直線にクライマックスへと進んでいく構成をとっている。そういう意味では前半以上に細部のアレンジは多い。第三クール前半は潮を孤独に追い詰めていく展開でその頂点となるのがちょうど折り返し点の第参拾参話「獣の槍、破壊」に来るようになっている。

こうしてみると原作からカットされたエピソードは、単に物量が多いからカットされたというだけではなく、必要なエピソードをTVシリーズとして適切な位置に配置するためにカットされたということが見えてくる。

たとえばカットされたエピソードで一番ボリュームがあるのが、第三十四章「西の国・妖大戦」だ。これは白面の者への総攻撃を企てる西の妖怪たちと東の妖怪たちが対立するエピソード。位置的にはハマー機関のエピソードと入れ替えることも可能かもしれないが、ハマー機関をあっさり描くと、後半のストーリーの鍵になるキルリアン振動機が登場するのが唐突になってしまう。またハマー機関のエピソードは離れ離れなことが多いヒロイン・麻子と潮が絡むエピソードでもある。それに「潮の仲間が増えていく」というエピソードは絶対に二クール目に収めないと、第三クールがすっきり始められない。こうしたことから、どうしても削らざるを得なかったのだろう。

もちろん重要なのはストーリーの構成だけではない。ここからは第壱話「うしおととらとであうの縁」と第参拾参話「獣の槍破壊」を題材にとって、原作が演出でどう膨らまされているのかを見ていこう。

第壱話は原作の序章を、多少学園生活部分を膨らませつつアニメ化した内容だ。絵コンテの担当は本作の監督でもある西村聡。ここで注目したいのは、とらと潮の出会いの描き方だ。

蔵の地下に通じる扉を開けてしまった潮は、そこで妖怪のとらと出会う。ここで大事に描かれているのは、潮ととらの距離感だ。

「500年の間、わしは忌々しい槍でここにはりつけられてきた」というとらの台詞の時、カメラは横からのロングショットで地下の空間をとらえる。左端にとらがいて、右端に潮がいて、その間に、境界線のように階上から差し込む光がさしている。二人の間には大きな隔たりがある。

最初に潮がとらと出会った時は、この光の境界線上を越える描写はない。厳密にいうと潮はとらに近づいて、槍をグリグリと押し付けたりするのだが、そのくだりは全部ギャグシーンとして処理されていて、〝境界線を越える〟という描写をわざと入れないようにしている（ちなみに原作通りに入るこうしたギャグシーンが、TVアニメでも絶妙の緩急を産んでいた）。

ところが、潮が魚妖や虫妖が見えるようになって再度、蔵の地下にやってきた時は異なる。潮は、階上から差す光の中に降り立って、その光から出てとらへと近づいていく。この時も、カメラは横位置で潮ととらをとらえており、潮が光の中から踏み出す様子を描くことで、〝境界線を越えて近づいていく〟意味をわかりやすく見せている。この光を使った距離感の変化の演出は、アニメならではのものだ。

そしてさらにおもしろいのは、この後の槍を抜くくだり。原作では、潮はやりに手をかけたあと、スッとひとコマで抜いており、その印象的なコマがアーサー王とエクスカリバーにも通じるような運命的な印象を与える描写になっている、だが、アニメの描写は異なる。

アニメでは潮は槍に手をかけるが、なかなか抜けずに力を入れてなんとか抜こうとする。そして徐々に抜けてくる槍のアップに金属が軋むような効果音がつけられる。

蔵の地下はおそらく石組みと漆喰などでできているだろうし、とらは妖怪であっても〝生身〟であるから、金属の軋む音がするわけがない。では、なぜそんな音がつけられているのか。それはこれが「運命の歯車が回り始める音」だからなのだ。

第壱話の画面上の盛り上がりはこの後の、妖怪退治にあるが、実はドラマのピークは、潮が獣の槍を抜く瞬間なのだ。だからこそ、潮が境界線を越える様を光を使った演出で印象的に見せ、効果音もリアリズムとは異なる象徴的な音をつける演出が施されている。これによって第壱話は全三九話分のドラマの開幕を告げるにふさわしい内容となったのだ。また、見直した時に「すべてがここから始まったんだ」という感慨を味わえるのも、こういう行き届いた演出があればこそだ。

では、第参拾参話「獣の槍破壊」のほうはどうか。絵コンテを担当したのは『HUNTER×HUNTER』の監督でもあった神志那弘志。ここで注目したいのは、とらが秋葉流を殺した事実を潮が知る一連の展開だ。

「白面の者は自分の周りの人を皆、奪っていく」と憎しみにかられて白面の者へと挑んでいく潮。

そこに合流したとらは尋常ならざる様子の潮を抱きかかえる。そんな二人に、白面の者が、人間の裏切り者として秋葉流の名前を挙げる。とらは潮から「流を改心させてほしい」と頼まれていたが、流と死力を尽くして戦い、結果として流を殺していたのだ。

原作は小さめのコマで、潮ととらのやりとりを描いた後、大きめのコマでとらが「ワシが殺した」という顔を描く。それを聞いた潮の姿は白黒反転で描かれる。アニメは、潮を抱えたとらの姿を横方向などから、静なカメラ移動でとらえ、とらのアップの後、赤みがかったアブノーマルカラーで潮のアップが描かれる。ここまでは原作のコマ割りの雰囲気をアニメ的に再現した演出といえる。

だが次のくだりは原作とアニメが異なってくる。

原作は小さなコマがだんだん潮の顔に寄っていき、伝う涙を追い、最後の大き目のコマで潮に「バカヤロオオオ」と叫ばせる。小さなコマで感情を圧縮し、それを最後のコマで爆発させる流れだ。

アニメは、黒バックで赤い光の中の潮を、手持ちカメラのような不安定に揺れるカメラでその揺らぐ心を表現しつつ、カメラを引いていく。そして、「オレはおまえならなんとかしてくれるって」という潮の台詞で、背後のとらがフェードインしてくる（この最後の映像は原作のコマを踏襲したもの）。

その後、潮には「オレからまた一人…奪(と)っちまいやがって…」という台詞がある。そこで原作は涙を流す潮の口元を描くのに対し、アニメは、なんともいえない感情に歪んだ潮のアップを描いている。

本作の重要なシーンを、原作と照らし合わせながら読むと、アニメで描かれる大事な表情の大半は当然ながら必ず原作を参照して描かれている。そのとおりのアップがなくても、ロングショットで描かれた表情を参照したり、あるいはコマとコマの間の間白を演技で埋める形で、原作を発展させて描かれている。

たとえば、第参拾九話「うしおととらの縁」のラストで、蔵の前を通る潮。そこで見せるアップは、原作で描かれた表情だけでなく、その変化を一カットで見せ、最後にそんな感傷を振り切ろうとする「目をつぶって一旦うつむき、顔をあげようとする」という演技を付け加えて描かれている。

そうしたほかのシーンからすると、原作に相当する表情のない、流の死を告げられた潮の表情は、本作の中でもかなり珍しい例といえる。しかし、その表情が原作に勝るとも劣らない（感情に歪んだ表情は藤田作品の魅力であるのはいうまでもない）ぐらい感じが出ている表情なのだ。この表情だけで潮の「心が折れたこと」が伝わってくる。おそらく原画マンの絵に、総作画監督の森川智子の手が入ったものだと思われる。

先述の通り第三クールの前半は、潮を追い詰めていくことに力点が置かれている。だからドラマ的には「秋葉流が死んだ悲しさ」の向こうにある「とらに裏切られた」ことが重要になる。それは「バカヤロオオ」という慟哭だけでは、それは伝わりづらい。そこで絶望して涙を流す潮の表情が必要だったのだろう。

この絶望を受けて、潮は「あばよ、バケモノ」といってとらのもとを去る。このくだりはアニメも原作と似た調子で進むが、最後の潮がとらから離れる瞬間の大コマの表現の仕方が少しだけ違う。アニメでは、潮がとらから離れるために、軽く蹴った胸元が、まるで何かに撃ち抜かれたかのように黄色い光のエフェクトが散っているのである、原作では足元のアップを描いたコマで、勢いを現すエフェクトが描かれているが、それをアニメでは一歩踏み込んでとらの心情表現ともとれるビジュアルに仕上げているのである。

ちなみにこの一連のくだりは、絶望する潮を取り囲む白面の者と母・須磨子の距離感の表現もおもしろい。アニメでは須磨子の肩越しに上空に小さくいる潮を見せるカットを入れて「須磨子の声が届かない」ことを表現し、その直後のカットでは、潮の頭越しに白面の者の目のアップのカットを入れて「白面の者の囁きが潮を取り込もうとしていること」を視覚的に見せている（徹底的に描き込まれた白面の者の恐ろしい顔は、本アニメの見所の一つだ）。

以上、シリーズ構成と演出という観点から「漫画とアニメの距離」を追いかけてみた。『うしおととら』のように「原作通り」という印象があるアニメほど、実は〝巧みな翻訳〟でもって、漫画とアニメの距離を飛び越えているのである。

『昭和元禄落語心中』が描いた「音」の官能性

――『昭和元禄落語心中』

雲田はるこは落語をどう描いたか。

『昭和元禄落語心中』は昭和最後の大名人と呼ばれた有楽亭八雲（ゆうらくていやくも）という架空の落語家を軸に、彼の前半生に深く関わった天才・有楽亭助六（すけろく）と、後半生に大きな影響を与えた弟子の与太郎（よたろう）（後に三代目助六）という二人の生きざまを照らし合わせて描いた作品だ。二〇〇八年にデビューした雲田の代表作のひとつだ。

『昭和元禄落語心中』（以下『落語心中』）は落語を取り扱いながら、落語にまつわる蘊蓄をことさら解説するような〝情報性の高い漫画〟というわけではない（あとがき漫画では多少触れている）。さらにいうなら、取り上げられる噺（はなし）の内容も、キャラクターの口を借りて、最低限の補足しか行われない。まして噺のストーリーを具体的に絵解きするようなこともない。

また「落語業界もの」という側面もほとんどでてこない。中心となる有楽亭以外の落語家がもっといてもおかしくはないのだが、そうしたキャラクターの描写はあくまで点景にとどまっている。

これだけ削ぎ落とされた、いわば〝ないないづくし〟の設えの中から『落語心中』にとっての「落語」が浮かび上がってくる。

本作における落語とは、落語家がその体の内に秘めている〝声〟を外へと導き出す、触媒のような存在だ。落語があるからこそ、助六は自由奔放で開放的な、八雲は自らの胸の内に響くような、与太郎（三代目助六）は誰にでも届くような、そんな〝声〟を世に向かって響かせることができる。そう、『落語心中』の落語は歌に似ているのだ。

だから本作は落語がどのように聞こえるかに力点を置いて、非常に繊細に描き出そうとしている。その細やかな気配りがまずわかりやすい形で示されるのが、吹き出しの形だ。

落語はまずまくらから始まる。本作のまくらの部分では、縦長の楕円形の吹き出しが多く使われている。吹き出しと吹き出しが細く繋がれていることも多く、あたかも徒然に話しているような自然な雰囲気の中で観客（読者）を噺へと誘っていく雰囲気を出している。

そして本格的に噺が始まると、吹き出しは四角くなることが多い。枠線も太くなる。こちらは落語家の歯切れのよい喋りを実感させる形状だ。

四角い吹き出しが最初に登場するのは第一巻で与太郎が「出来心」を披露するシーン。この時は、編集者の采配であろうか、まくらや噺の登場人物ごとに微妙に書体を変えるという演出がほどこされている。この後も、落語中の文字の書体はさまざまに工夫が凝らされ、落語家の〝声〟の視覚化に一役買っている。

この後、第二巻で八雲が「鰍沢」を演じるシーンでは、地の部分が四角く、登場人物の台詞が楕円形になるスタイルで、同巻で初太郎（後の助六）が「夢金」をかけるシーンは登場人物の台詞も含め四角がメインとなり、演出的に楕円の吹き出しがところどころに挟まれるスタイルになっている。そして第三巻で描かれる助六の「居残り佐平次」になると、ほぼ四角で進行することになる。

最初からルールを決めて四角い吹き出しを使い始めたというより、その落語が〝どう聞こえるか〟を追求した結果、次第に四角い吹き出しを基本としたルールが出来上がっていったのではないだろうか。

このほかにも落語の聞こえ方にはさまざまなバリエーションがある。その一つが、書き文字で書かれる場合だ。

これは噺の中の重要なシーンで、言葉そのものを理解してもらう以上に、そのコマの絵全体を感じさせたい時に使われている。また「ラジオなどから聞こえてくる時」、「噺を聞いている人間のモノローグに主眼がある時」なども書き文字で表現される。いずれも、言葉の持つ意味よりも、そこにその〝音〟があることが重要な場合に、書き文字が採用されている。

また、写植・書き文字を含め横書きを使っているシーンが要所にあることもユニークだ。たとえば第一巻で、八雲に弟子入りした与太郎が縁側で、聞きかじった「死神」をさらっているところは、台詞は横書きだ。縦書きのルールからはずれたことで、いかにも練れても慣れてもいない喋りの雰囲気が醸し出されている。同じ第一巻では、八雲が既に死んだ助六を真似して「宿屋仇」をやるところに横書きが使われているが、こちらは普段の八雲でないことを表すために横書きを使ったのではないかと思われる。

このように『落語心中』では吹き出しの演出を中心に、様々な工夫をこらして、話芸としての落語を作中に〝響かせよう〟としている。この聴覚を刺激するような作品作りは、演出面にも見られ、本作は重要なエピソードの引きとなるところで、鳴り物の太鼓が鳴る演出が取り入れられている。アニメでもこの演出は踏襲されており、このことからも、本作が〝聴覚〟の官能を刺激してくる作品であることが実感できる。

こうした作品であることを意識すればするほど、実際に音を響かせなくてはならないアニメ『落語心中』(二〇一六)が挑まなくてはならなかった壁の高さが際立つ。畠山守監督によるアニメ『落語心中』は、その高いハードルに対し、石田彰、山寺宏一、関智一という演技巧者のキャストを揃えることで正面突破を試み、それに成功した。中でも一つ印象的な落語シーンをあげるなら、石田彰による「八雲が助六の「居残り佐平次」を演じる」くだりになるだろう。キャラクターを演じることと落語を演じることが、複雑に重なり合ったその演技は、確かに八雲の〝声〟を通じて、山寺宏一演じる助六の〝声〟を呼び寄せることに成功していた。音響監督は二〇一八年一〇月一七日に急逝した辻谷耕史である。

アニメ『落語心中』が魅力的だったのは、そうした原作が工夫を凝らした〝声〟を、高いレベルで実際に響かせただけに留まらない。落語によってしかるべき〝声〟を響かせることができる者が落語家である。原作が描いたこの命題に対し、アニメ版は「それは〝落語の世界〟にちゃんと入ることができたものだけである」という空間を使った演出で的確に応えているのである。

特にアニメ第一期（「与太郎放浪篇」と「八雲と助六篇」までの全一三話）は、縦軸となる八雲の成長を描くにあたって、「落語の世界」が大きな意味を持って描かれている。

たとえば第二話、七代目八雲の家に弟子入りに来た線の細い幼い少年。彼は後に二つ目・菊比古となり、八代目八雲となるが、彼はまだ何者でもない。足が不自由であることを理由に、望まぬ弟子入りをすることになったその少年は、その門の前で立ち止まる。門の向こうこそが「落語の世界」なのだ。

そして、彼がが立ち尽くしている間に、身なりの汚いやんちゃな子供が、彼を追い越して門をくぐってしまう。これが彼の兄弟子となり、二つ目の初太郎を経て二代目・助六となる男である。八雲と助六の因縁はここから始まるのだ。

無邪気に落語の世界に入ることができなかった菊比古時代の八雲は、折に触れ、原作よりもやや強調される形で袖の暖簾や格子越しに高座を見る姿を描写されることになる。この時、菊比古はまだ「落語の世界に入れていない」のである。

菊比古の転換点となるのが第五話。鹿芝居で弁天小僧菊之助を演じ自分の演技が伝わる実感を初めて得た直後、菊比古が他人に「格子から覗かれる」描写が登場する。見る側から見られる側の転換が起きたのだ。そしてその変化が落語に反映されるのが第六話の「品川心中」。この時、菊比古はもはや、出番待ちの間に袖から高座を覗いたりしない。そのかわり、廊下の窓に向かい、格子の向こうのガラスに写った自分をじっと見つめる。この「自分自身を見つめる姿」が菊比古が目指すと決めた「自分のための落語」に繋がるのはいうまでもない。映像は、その後の高座のシーンで、菊比古を寄席の二階からとらえ、観客席を一切見せないことで、「自分のためだけにやっている」ということを端的な絵として切り取ってみせる。こうして菊比古は落語の〝声〟を響かせることができる人間となったのだ。

「品川心中」を終えて寄席を後に去っていく菊比古の姿に、足跡と杖の音が静かに響く。その硬質な音は、ようやく見つけた自分の道を歩いていく音として響いていており、アニメで加えられた音響演出として印象に残るものになっている。

こうして菊比古が自分の道を掴むと、落語シーンの演出も少し変化する。アニメ版も原作同様、落語内容の絵解きを拒む基本姿勢は変わらない。フラッシュイメージ的なインサートを入れることはあっても、基本的には落語シーンは落語家の演じている姿を写すのを基本としている。

それが第六話「品川心中」では、絵解きこそしないが、噺の舞台を映像で見せ、その中で菊比古が話している姿を映し出す。また第九話の「死神」でも無数のロウソクがイメージ的に登場する。これは落語の内容を絵解きしたというより、「菊比古の中にしかないイメージ」を表現したものだ。「自分のためにやる落語」という芸の完成を、菊比古の主観に寄り添って視覚化したものなのだ

(ちなみに「助六再び篇」第七話で、再びかなり具体的な落語の風景が出てくるが、これは三代目助六が、菊比古の演じる「明烏」の世界を実感しているという、やはり主観の表現になっている)。

原作『落語心中』の落語の表現の中心が〝声〟にあるとわかると、また聞こえてくるものがある。それは「子守唄としての落語」だ。

初登場は、初太郎が師匠に連れられて満州へ行軍慰問に行くことが決まった後のシーン。菊比古のほうは内地に残されることになり、二人は寝床で別れを惜しむ。そこで菊比古は、初太郎に「あくび指南」を求める。「お前(まい)さんのを聞いてると眠くなるんだ」。そして、言葉通り菊比古は初太郎の「あくび指南」を聞きながら眠りについてしまう。

この「子守唄としての落語」は、第六巻で、寝入ってしまった小夏のそばで、八雲が「あくび指南」をささやくように演じるシーンでもう一度繰り返される。さらにこれは第八巻、川べりで背中にもたれかかった小夏に、三代目助六が「野ざらし」を口ずさむシーンへとつながっている。ここでは落語に導かれた〝声〟はさらに〝歌〟へと昇華されている。ここでは噺が持っている意味ではなく、その響き、流れていく調べこそが大事なのだ。

そして〝歌〟としての落語がもっとも明確に描かれるシーンが第四巻に登場する。

師匠の死後、破門され温泉町に逃げた助六を引っ張り出そうと、菊比古がその町にやってくるエピソードだ。そこで菊比古は、助六の娘の小夏に求められて「野ざらし」を演じるのだが、菊比古のこの「野ざらし」が陰気だと、助六が途中から割って入るのだ。

一人で演じる話芸であるはずの落語が、突如掛け合いになってしまうおもしろさ。気心の知れた、そして個性が正反対の二人によるセッション。ここでは吹き出しは、形の崩れた四角といったラフな調子で描かれており、フォントのセレクトも多彩。二人の掛け合いが実に自由な楽しさに満ちているものであることが、目に〝響いてくる〟ように表現されている。このくだりは落語を〝音〟として描いてきた本作の一つの頂点といえる。

思えばこの「野ざらし」は『落語心中』を貫く柱の一つであった。

そもそも八雲が入門したばかりのあの日、後の助六が師匠と彼の前で披露した噺が「野ざらし」だった。そして戦時中、疎開先でひとり過ごしている菊比古の口から漏れる噺も「野ざらし」。

「気が滅入る事があるといつの間にか口の中で落語を唱えておりました。そうするとふと心が軽くなって、忘れようともがいても、こんなに心身に染みついて自分に必要なものになっていたと気づきました」

この菊比古の回想もまた、この作品において落語がとても〝歌〟に親しいものであることを示している。

そして先述の助六との〝セッション〟、三代目助六が小夏に〝歌〟のように聞かせるシーンを経て、第一〇巻で助六がラジオで「野ざらし」を聞かせるシーンが登場する。

穏やかな春の夕方。雨竹亭の火事によって傷ついた八雲が、縁側の椅子で体を休めている。そしてその傍らには小夏がいる。二人はついさきほど長年にわたる確執を乗り越えたばかりだ。そこにラジオから「野ざらし」が流れてくる。横書きや、書き文字も織り交ぜながら進んでいく、三代目助六の「野ざらし」はいかにも楽しげだ。

なおアニメ版では、この「野ざらし」に、噺に出てくる単語から連想される街の風景の点描を重ねて見せている。時代は変わっても落語のスピリッツは生き延びているという、この作品のもう一つのテーマをちゃんとビジュアル化している。八雲がそれを知っているかどうかはわからないが、落語と心中しようとした男の、ちょっとした未練が、このような今を作り出したのだ。

そして、その「野ざらし」を聞きながら八雲は死ぬ。

八雲が三途の川を送られる舟に乗せられるそのロングショットの背景に、「四方の山々雪融けて……」とフレーズがまるで歌のような書き文字で記される。これもまた「野ざらし」の中の一節だ。「どぶりどぶりと水の音」というフレーズが、櫓で進む舟のイメージと重なり合う。ここもまた落語は〝音〟となって響いているのである。

『落語心中』が落語の魅力を伝えているとするなら、なによりこうした話芸のもつ官能性を、ドラマの中に落とし込んで表現しようとしたからにほかならない。落語家の体温が伝わるような生々しさがそこに宿っているのだ。

あのころ僕らは友引高校に通いたかった

――『うる星やつら』『勝手なやつら』

『うる星やつら』といえば友引高校である。

『うる星やつら』を再読して、友引高校という場を生み出したことが『うる星やつら』にとって大きな意味を持っていたことがよくわかった。

『うる星やつら』は少年サンデー昭和五三年（一九七八）三九号から、短期集中の形で連載が始まった。最初は全五回。僕は小学四年生で、理髪店においてあった少年サンデーで第一話を読んだことを覚えている。鬼という存在を、宇宙人として見せたSF的解釈。子供の遊びである〝鬼ごっこ〟が地球の命運を握るアイデア。読んで、素直に「おもしろい！」と思った。しかもその鬼のインベーダー（この言い回しも懐かしい）が虎縞ビキニの美少女なのである。子供の僕はアンテナが低くて、一読して彼女――ラム――の魅力、あるいは価値に気づくことはなかったのだが、その後のラムの人気については、わざわざここに記すまでもないだろう。

好評のうちに開幕した『うる星やつら』は、その後、何度かの短期集中連載などを経て、少年サンデー昭和五五年（一九八〇）一五号掲載の「トラブルは舞い降りた」から毎週連載となる。さらに一九八一年一〇月からはTVアニメの放送が始まり、ここでさらに人気は爆発することになった。連載開始の時は小学生だった僕らも、この時にはニキビ面の中学生となり、ずっぽりと『うる星やつら』の魅力にハマることになる。年齢に多少の違いはあれど、こんな読者・視聴者が全国に大勢いたのだ。

漫画評論家の米沢嘉博は『戦後ギャグマンガ史』の中で『うる星やつら』について次のように触れている。

ラムの存在によって、学園コメディの世界は、夢と混乱の日常から変貌する。（略）ラムはその力を持って異世界を日常につきつける。だが、逆に敗退し混乱させられるのは異世界の方なのだ。女好きのあたるは常に日常として、異世界を引きずり込み、自らの地平に立たせる。

（『戦後ギャグマンガ史』米沢嘉博、ちくま文庫、二〇〇九）

ヒロインのラムがトリックスターとして、現実を混乱させる〈異世界〉を連れてくる。だがそれを「おつきあいしたいおねーさん」（か、それ以外）に分類して、彼の日常の行動の中に均してしまうのが主人公の諸星あたるである。これが『うる星やつら』を支える構図であるというのが米沢の指摘だ。〈異世界〉を代表し、本作の世界観を象徴するのがラム、行動によってドラマを動かすのがあたるであり、この二人がドラえもん（＝世界観）とのび太（＝主人公）と同様の関係性にあることがわかる。

このような『うる星やつら』の世界はどのような心づもりから生まれたのか。作者の高橋留美子はいくつかのインタビューの中にそのヒントを見つけることができる。

たとえば『うる星やつら』の原型となった短篇『勝手なやつら』について。「八頭身ぐらいの人間で、ストーリー性があって、でもドタバタでSFでというものをやりたかった」（『クイック・ジャパン vol.71』掲載のインタビュー、太田出版、二〇〇七）と語っている。「ドタバタでSF」というあたりは、高橋がデビュー前に熱心に読んでいたという筒井康隆の作品との共通点が思い浮かぶし、『勝手なやつら』で想定されたノリは『うる星やつら』にもそのまま当てはまる。また「八頭身」というのも重要なポイントで、そうでなければ『うる星やつら』のキャラクターがここまで人気を得ることはなかっただろう。読者がキャラクターに思い入れるには、ある程度のリアリティが必要なのだ。

また高橋は別のインタビューで「庶民的なものとSFをくっつける。それはずっと私の根っこにあって」（『ダ・ヴィンチ』掲載のインタビュー、KADOKAWA、二〇一三年一二月号）とも語っている。ここでいう「庶民的なもの」とは、あたるなどに代表される下世話な欲望（食欲、性欲等）とニアリーイコールであると考えてよいだろう。実際に作中では、庶民的なものがSFとくっつき、それを飲み込んでしまうわけだから、この発言は米沢の指摘とほぼ同様のことを語っていると考えることができる。

ＳＦと庶民的なものが〝くっついている〟、一番わかりやすい例は第一巻「悲しき雨音」だ。ここでは、あたるの父が世間の非難を避けるため、星間タクシーに地球を売り飛ばして、それでなるべく遠いところまで逃げ出そうとするくだりがでてくる。

人類の裏切り者となろうとするあたる父の「わが身かわいや　ほーやれほ‼」という台詞は、下世話な欲望＝庶民的な振る舞いそのものといえる。ところが星間タクシーの運転手の答えは「うんとオマケして成層圏まででげす‼」。下世話な欲望のためにＳＦを利用したら、逆にＳＦのほうからより下世話な答えが返ってきたというわけだ。

ちなみに『うる星やつら』が醸し出すＳＦっぽさは、登場するガジェットや設定以上に、会話の中に出てくるちょっとした言葉のチョイスが生み出している部分が大きい。

あたる父と星間タクシーの運ちゃんとのやりとりでいうなら、「星間タクシー」よりも、会話の流れの中で自然に「成層圏」と出てきた瞬間のほうがＳＦを感じさせる。大げさにいうと、現実に存在する科学的な単語を、そことは縁のなさそうな下世話な日常会話の中に放り込むという、ギャップの中からＳＦっぽさが生まれているのだ。

これは雪女キャラクターであるお雪が住むの場所が、「海王星」だったり、一種の眠り姫でもあるカラス天狗のキャラクター・クラマ姫が「コールドスリープ」しているという設定のおもしろさとも通じている。さらにいえば、第四巻「七夕デート」で、ラムがプールで電撃を使ってお客が全員が感電してしまった時の、あたるの「水は電気伝導体なんじゃー!!」というツッコミや、第一四巻「みんなで海をきれいにしよう」に登場し、あたると面堂を泳げなくする小道具「表面張力除去オイル」も同じように、ギャップの中からＳＦっぽさを漂わせている（なお人間が浮くのは表面張力のせいではないのだが、言葉のチョイスこそがポイントなので、ここではそこは問わないでおく）。

こういったおもしろさは、ＳＦ以外の〈異世界〉要素の中にはあまり見られない。そういう点では、なんでもアリの『うる星やつら』の中にあって、ＳＦというのはちょっと特別な位置を占めているということができる。

話題を戻そう。このように〈異世界〉と下世話な欲求が〝くっついて〟存在している『うる星やつら』だが、こうして見てみると、決してあたるだけが〈異世界〉を日常の中に均（なら）しているわけではない。米沢の語ったあたるは、ラムが〈異世界〉の象徴であるように、あくまでも『うる星やつら』のキャラクターたちの象徴であることが見えてくる。逆にいえば、『うる星やつら』の登場人物たちは、程度の差こそあれ、みな下世話な欲望で駆動され、〈異世界〉を日常の中に均していくキャラクターたちなのである。

そして『うる星やつら』をさらに特徴づけるのは、物語の構成要素である〈異世界〉を日常化することだけではない。物語よりも一つ上のレイヤーにある「ギャグをいかに語るか」という部分においても、『うる星やつら』は「日常の中に均していく」ということが大きな意味を持っている作品なのだ。それを象徴するのが友引高校という場なのである。

作家の橋本治は、書き下ろしコラム集『デビッド100コラム』（河出文庫、一九九一）に収録された「46　高橋留美子　天才の秘密」の中で、高橋留美子のすごいところとして「描かれてしまったことは、すべて存在してしまう」という点を指摘している。

これは要するに、本来ギャグとして突発的に描かれたことが、やがて日常的なものとして実在することになってしまう、というお話だ。たとえば「ずっこける時に机ごとコケる」という表現があるとする。やがて、この「ズッコケ」を表現する記号的な表現に対し、批評的な姿勢として「ずっこけでコケた机を直す」という表現が加わる。これもまだギャグの範囲である。橋本治は、高橋がこの「コケた机をもとに直す」という描写をいつもやっている、ということに注目する。「いつもやっている」とういうことは、これはもうギャグの表現ではなく、「キャラクターの日常的な振舞いである」ということになってしまう。これが「描かれてしまったことはすべて存在してしまう」ということだ。

これは、しのぶが机を投げるという描写や、面堂が閉じ込められた釣り鐘を怖さの余り割ってしまうという描写についてより明確に分かる。

> 表現が繰り返されると、それは存在してしまう。という訳で、諸星あたるのクラスは、友引高校随一の腕力揃いになってしまったのである。（略）エスカレーションの極は破壊とか破滅

しかないのが常道なのだが、高橋留美子の世界は、すべて〝それはそれ〟で定着してしまうのである（『デビッド100コラム』橋本治、河出文庫、一九九一）

つまりSFが下世話にくっついてしまって日常になるように、ギャグそのものも『うる星やつら』の中では、日常の中に均されてしまうのである。そして、その象徴ともいえる場所が友引高校なのだ。

そもそも初期の『うる星やつら』の舞台は、友引高校ではなかった。舞台は主人公・諸星あたるの住む諸星家なのだ。第一巻を読むと、あたるがなにか騒動を起こしたり、巻き込まれるたびに、町内会の人々や隣人たちがクレームをつけたり、怒って詰めかける様子が描かれている。鬼娘ラムをはじめとする異界のものを呼び寄せてしまう〝場〟として諸星家があり、それが世間や常識や秩序とコンフリクトを起こす。それが笑いになっていた。

ところがこれが徐々に変わっていく。諸星家は舞台の一つに収まり、そのかわり友引高校の存在感が増すのだ。最初の一歩は間違いなく第三巻でライバルキャラともいえる面堂終太郎が転校してきたことがあげられる。

そして第五巻では第一巻で登場済みだった巫女のサクラが養護教諭として再登場し、第六巻でラムも友引高校の生徒となる（加えていうと、ラムの幼馴染のランが友引高校の生徒として初登場するのも第六巻である）。こうして友引高校は、ユニークなキャラクターが集合する場として着々と整えられていく。

　もちろんそれ以前からのギャグ漫画にも学校は重要な舞台として登場していた。ただ、そこに登場する学校は〝秩序〟の象徴だった。ギャグ漫画の場合、特にトリックスターともいうべき、異様な個性を持ったキャラクター（たち）が秩序を撹乱するところにおもしろさがあるわけで、教員がいてある種の秩序が存在する学校を舞台にすることで、トリックスターの魅力も一層際立つというものだ。

　たとえば第四巻「この子はだぁれ」は、まだ友引学校が秩序の場所であるオーソドックスな作りをしている。面堂がロッカーの中に赤ん坊（実は宇宙人）を見つけてしまい、それが見つからないように右往左往するというエピソードだ。ここでは、自分の世間的な評判を落とさないようにするため、学校の秩序を乱さないようにする（でも、結果としてそれに失敗する）という形で笑いが巧まれている。

　ところがこういう学校の秩序を前提にしたエピソードは全体を通して見ると決して多くない。第六巻「戦慄の参観日」は、メインキャラクターの母親たちが参観日に集うという内容だが、この段階ですでに「学校の秩序」は弱体化を始めている。浮世離れした面堂の母と、そもそも宇宙人であるラムの母、こうした非常識なキャラクターたちの非常識な応酬の中で、グラウンド整備の職員が繰り出す常識的なツッコミは後景に退いてしまう。あるいは第一四巻「口づけとともに契らん」で描かれたクラマ姫が面堂に会いに友引高校に来る展開においても、クラスの女子たちが気にするのは、闖入者による学級会の突然の中断ではない。彼女たちももっぱらの関心は、面堂とクラマ姫の関係を問いただすことであり、そのまま学級会はなし崩し的にフェードアウトしていることからもわかる通り、もはや友引高校において、外部から誰かが入ってくることは学校の秩序上の問題ではなくなっているのだ。

こうした展開の中で、あたるたちの担任である温泉マークも、早々に秩序の守護者ではなく、秩序の守護を名目にして全体を混乱させるギャグメーカーの一員になってしまう。たとえば第二三巻では「ザ・障害物水泳大会」という前後篇が出てくるが、ここではあたるは「どうせうちの学校の教師が考えることだ！　まともな発想は望みようがない！」と語っており、温泉マークはこの珍妙な学校行事にあたるたちを投入するための役回りを演じることになる。これは第二五巻「モチ争奪校長胸像杯」も同様で、こうして友引高校は、ギャグのような出来事が、当たり前の日常として繰り広げられる空間として完成していくのである。

さらに、あたる、面堂、ラム、しのぶといったメインキャラクターがいずれもクラスメイトという括りでまとめられているため、彼らが揃って存在していれば、そこは自動的に「友引高校的空間」になってしまう、ということも起きていく。かくして『うる星やつら』に登場する場所は、すべてが「友引高校」になってしまったのだ。

この「概念としての友引高校」こそが、橋本が指摘した「描かれてしまったことは、すべて存在してしまう」という高橋の天才性の象徴であり、同時にアニメ化を手掛けた押井守が『うる星やつら』を評した「欲望解放区間」という言葉に対応する場所である。

この友引高校という場所が完成したからこそ、ラム＝〈異世界〉とあたる＝下世話な欲望の追いかけっこは長く続いたのだ。そしてあのころ、僕らはそんな友引高校に通いたかったのだ。

※本文中に出てくる単行本の巻数は少年サンデーコミックス版の単行本のものです。

おわりに

『アニメの輪郭』は、そのつもりになれば様々なところに発見できる。

たとえばＴＶでごく稀に、どう考えても未完成としか思えない状態で放送される作品が登場する。大概は「事故」を目撃したおもしろさだけがひとり歩きしてしまうのだが、そこにも『アニメの輪郭』は存在する。画面が不自然なのは何故なのか。普段見ているアニメの画面は何故自然に見えているのか。いろいろな要素が圧倒的に足りていない画面を笑ってしまうのは簡単だけれど、自然と不自然の間におそらく『アニメの輪郭』があると考えていくと、そこには別の扉が開いている。

あるいは二〇二〇年から世界を脅かしている新型コロナウイルス感染症の流行。これによりアニメのアフレコの現場も様変わりした。日本のアフレコはキャストが勢揃いをしてセッションしながら収録していくことに特徴がある。しかしコロナ禍の中で、人間の密集を避けるため、アフレコのブースに入る人数が制限されるようになった。絡みの多いキャスト同士は一緒に収録できるよう工夫して香盤が組まれてはいるが、かつては〝普通〟だったアフレコのスタイルが今や〝普通〟ではなくなっている。この状況はアニメを変えるのか、変えないのか。これもまた『アニメの輪郭』にまつわる出来事なのである。

本書ではテレビや映画館などのメジャーな流通経路で見られる作品を取り上げているので、いわゆる「アニメ」という言い回しを使った。そして、そもそも「アニメ」では、現実に存在しない「輪郭線」でキャラクターが縁どられていることそのものが表象の特徴となっている。一見何もないはずのところに「輪郭」を発見していく視線は本書の原稿にも通底しているといえる。これをもっと広く「アニメーション」という表現手段全体に広げても、この「輪郭」を探る視線の大切さは変わらないと思う。

本書に収録した原稿の多くは雑誌『ユリイカ』とその臨時増刊号に発表されたものだ。同誌に初めて寄稿したのは二〇〇四年一二月号の「特集＝宮崎駿とスタジオジブリ」だったはずだ。その後も折に触れて声をかけてもらい、アニメに関係する様々な原稿を書いてきた。

『ユリイカ』のよいところは、最低限のお題をクリアしていれば、こちらの問題意識に従って話題を自由に展開してもよいというところだ。ライターというのは基本的にスタジオミュージシャンみたいなもので、依頼内容に応じて過不足なく結果を出すのが基本的な仕事のやり方だ。ただ時には自分の名前で、自分の曲を演奏したい時もある。『ユリイカ』は、まとまったボリュームでそんな「自分の曲」を演奏させてくれる貴重な媒体だ。そのおかげで今回収録したような『アニメの輪郭』について考えるような原稿をいろいろ書くことができた。山本充前編集長、明石陽介編集長には大きな感謝を捧げたい。また今回、編集を担当した永井愛さんには、全体の構成を決定するところから、諸事情で遅れた加筆分の原稿を待ってもらうところまで大変お世話になった。そして本書に再録した『ユリイカ』以外の原稿の担当の皆さんにもお礼をいいたい。写真を提供いただいたAkine Cocoさん、デザイナーの六月さんにも大いに助けていただいた。

願わくば次の本で読者の皆さんと再会できますように。

コロナ禍の中、リモート飲み会におつきあいいただいた皆さんに

藤津亮太

二〇二一年六月一四日

初出一覧

視点Ⅰ

「アニメに適さない題材、ファンタジー――あるいは「プリン・ターキッシュデライト」問題」『ユリイカ』二〇〇六年八月臨時増刊号
「不可視の世界／五感の世界――アニメ『精霊の守り人』の戦略」『ユリイカ』二〇〇七年六月号
「テレビアニメが教えてくれた世界の名作」『考える人』二〇一五年冬号
「日本のアニメは家族をどう描いてきたか」『考える人』二〇一四年春号
「セカイ系と非セカイ系の狭間で――『プラテネス』の射程」『グレートメカニック』23、二〇〇六年一二月
「『少女終末旅行』」『SFマガジン』二〇一八年四月号
「『スター☆トゥインクルプリキュア』」『SFマガジン』二〇二〇年四月号

視点Ⅱ

「アニメーションにおける「演出」とは」アニメ！　アニメ！「アニメの門V」第45回
「アニメーション監督は誰でもできるのか――岡田麿里、初監督作を題材に」『ユリイカ』二〇一八年三月臨時増刊号
「「社会派」としての幾原邦彦――講座「僕はこんな作品を見てきた。」より」『ユリイカ』二〇一七年九月臨時増刊号

「明晰な自意識――今敏のアニメーション制作術」『ユリイカ』二〇二〇年八月号
「「最も身近な批評」と呼ばれる音楽――作曲家・菅野よう子の仕事」『ユリイカ』二〇〇九年八月号
「庵野秀明の第二章、そしてシン・章へ」書きおろし
「光は色、色は光――押井守の世界」『押井守論―MEMENTO MORI』日本テレビ放送網、二〇〇四年

視点Ⅲ

「記号と身体と内面」『ユリイカ』二〇一五年四月臨時増刊号
「二〇〇二年、『ピンポン』から始まったこと」『ユリイカ』二〇一五年一〇月臨時増刊号
「二つの「鋼の錬金術師」――アニメ化における時代の変遷」『ユリイカ』二〇一〇年一二月号
「『うしおととら』アニメ版批評」『漫画家本』vol. 1、二〇一七年五月
「『昭和元禄落語心中』が描いた「音」の官能性」『ユリイカ』二〇一八年一二月号
「あの頃僕らは友引高校に通いたかった」『漫画家本』vol. 14、二〇一九年一二月

藤津亮太（ふじつ・りょうた）
1968年生まれ。アニメ評論家。新聞記者、週刊誌編集者を経て、フリーのライターとなる。アニメ・漫画雑誌などに文章を多数執筆。
著書に『アニメと戦争』（日本評論社）、『プロフェッショナル13人が語る　わたしの声優道』（河出書房新社）、『ぼくらがアニメを見る理由』（フィルムアート社）などがある。東京工芸大学非常勤講師。

アニメの輪郭
――主題・作家・手法をめぐって

2021年10月20日　第1刷印刷
2021年10月30日　第1刷発行

著　者　藤津亮太
発行者　清水一人
発行所　青土社
101-0051　東京都千代田区神田神保町1-29　市瀬ビル
電話　03-3291-9831（編集部）　03-3294-7829（営業部）
振替　00190-7-192955

装　幀　六月
カバー・扉写真　Akine Coco
印刷・製本　双文社印刷
組　版　フレックスアート

ISBN978-4-7917-7417-3 C0070 Printed in Japan